あほスイッチ！

ネガティブ思考が
一瞬で「わくわく」に
変わる

アメブロ「妄想は世界を救う。」
かずみん

ダイヤモンド社

はじめに

こんにちは、かずみんです。

2年前にダイヤモンド社さんから発売された『「頑張らない」で引き寄せる！　願いが叶う、ちょっとあほになる方法』では、自分の願いを知り、そしてその願いを叶え、幸せに生きていく方法を書きました。

そして今回は、『あほスイッチ！』です。

「スイッチ」には「転換」「切り替える」という意味があります。

2作続けてタイトルに「あほ」がつくとは！　真面目な顔をして「タイトルは『あほスイッチ！』でどうでしょうか」と会議で話し合っている光景を思い浮かべると、申し訳ないと同時に「ああ皆さんもあほでよかった」と胸をなでおろしてしまいます。

私の人生のテーマは、「妄想」（「妄想」をテーマにブログを書いています）と「あほになる」です。

というのも30年間、私はこれでもかというほど真面目に生きてきました。**人の目ばかりを気にし、自分のためよりも他人のために生きてきた毎日**。

そしてある日、ちゃんと生きていくことに疲れたんです。

スパーン！

と頭のネジが外れた私は、働いて稼いだお金を全部好きなアーティストにつぎ込むようになり、ライブに行くために東北から沖縄まで飛び回る日々を送るようになりました。髪だって、明るめの茶色に染めちゃいました。

まさに、「あほスイッチ！」しちゃった瞬間だったのでしょう。

周りは「そんなお金の使い方をするなんて、もったいない」「いい歳して、好きなバンドを追いかけてるなんて」と白い目で見ていたことでしょうが、いいんです。好きなことのためだけに生きていたその1年は、私の人生の中でも最高に充実した1年になりました。

それから約10年。私のあほ人生は、ますます加速をつけてあほな方向に突き進んでいます。

「妄想」をテーマにブログを書き始め、妄想をテーマにした本を何冊も出し、妄想をテーマにしたメルマガを書き、妄想をテーマにした音声配信をして、生きています。

ほら！　人生って何が起きるかわからないから、面白いでしょう⁉


でも、「あほスイッチ」したからといって、楽しいことばかりの人生になるわけではありません。

ニコニコしながら歩いていても、小石につまずいて転ぶこともあります。ご機嫌にスキップしていたのに、足の小指をタンスの角にぶつけて地獄の苦しみを味わうこともあります。

まさに2020年は、そんな年だったのかもしれません。学校の長期休校、ステイホームの日々、東京オリンピック・パラリンピック開催の延期……「まさか」という、思ってもみないようなことが次々と起きましたね。

どれだけ笑いながら過ごしていても、ふとしたハプニングやアクシデントに出合うことはあります。

「幸せに生きる」ということは、「嫌な出来事を起こらなくさせる」「嫌なことから目をそらして生きる」ということではなく、**「思ってもみないような出来事があって転**

んでも、また起き上がって笑える強さを身につける」ことではないかと私は思っています。

「どんな時もきっと大丈夫！」

そんな思いを、この「あほスイッチ」に込めています。

最後に、いつも私を応援し、支えてくれている家族と、私に関わってくれているすべての皆さまに心からお礼を申し上げます。

そして私の「あほスイッチ！」を見守り続けてくれている読者の皆さま、本当にありがとうございます。

今、苦しみの中にいる方は、少しでも心がラクになりますように。

今、幸せの中にいる方は、もっともっと幸せを感じられますように。

かずみん

あほスイッチ！目次

はじめに……2

第1章

どうせ私は運が悪い！

料理に失敗した！……14
会社やＳＮＳで批判された……17
どうしても行きたいコンサートのチケットが取れない！……21
ディズニーランドでまさかの３６０分待ち！……27
寝坊した！　やばい、遅刻する！……31
うんこを踏んじゃった！　ついてないよ……34
どうせ私なんて、何をしてもうまくいきっこないし……37

そもそも何を願えばいいのかわからない…… 43
願い事はたくさんあるのにどれも叶わない …… 47
もう終わった。最悪だ…… …… 51

第2章

お金が私を嫌ってる！

財布の中身が100円しかない！ …… 56
どうしても無駄遣いしてしまう …… 60
投資に失敗して、貯金を全部失った！ …… 64
1000万円の借金がある…… …… 68
収入が増えない…… …… 72
貯金ができない！ …… 77
旅行するお金もないし、ヒマもない …… 81
宝くじが当たらないんですけど！ …… 86

第**3**章

仕事でしくじりざんまい！

資格試験で0点をとってしまった…… 92

通勤電車が運転見合わせ。大事な会議に間に合わない！ 95

採用面接中に急に腹痛が！ 102

ムカつく上司がいるんだけど！ 105

職場で悪口を言われている…… 109

仕事ができない同僚にイライラする！ 113

私がいるべき場所は、ここじゃない！ 119

仕事を辞めたい…… 124

仕事をクビになった…… 127

夢を叶えたいけど、何も進展していない…… 131

第4章

恋愛運が壊滅的！

素敵な出会いがまったくない…… 136

運命の人はどこにいるの？ 140

出会いの場に行っても私はいつも脇役…… 144

好きになった人が既婚者だった…… 149

好きな彼が転勤に……もう会えなくなっちゃう!? 154

付き合っている彼からLINEメッセージが来ない！ 158

デート中に具合が悪くなった！　ど、どうしよう！ 162

彼がなかなか結婚を切り出してくれない…… 165

彼が浮気してるかも……!? 168

旦那の浮気が確定！ 172

彼と別れたいけど、彼を傷つけたくない…… 175

彼にフラれた…… 178
結婚できない…… 183
夫が女として扱ってくれない…… 186

第5章 もっとかわいく生まれたかった！

げ！ 3キロ太った！ …… 190
もっとかわいければよかったのに！ …… 193
買った服が悲しいほど似合わない…… 199
肌荒れがひどくて鏡を見るのも嫌！ …… 202
彼の髪が薄くなってきた！ …… 207
かわいくないし、太ってるし、こんな私に彼氏ができるの？ …… 212
すぐに体調を崩してしまう…… 216
目が悪いし、メガネが面倒…… 221

第6章

人間関係こじれすぎ！

友達がいない……228
ママ友付き合いが面倒……232
言いたいことが言えない……235
幸せそうな友人に嫉妬してしまう……239
子供が全然言うことを聞かない！……243
お姑さんが苦手……248
片付けない家族にイライラ！……251

第1章

どうせ私は運が悪い!

お悩み

料理に失敗した！

モヤ
モヤ

スイッチ

よし！　その調子！
斬新な料理を開発して
レシピ投稿サイトで大人気に！

モヤ
モヤ

失敗は光るセンスと発見の種

いやいや、ちょっと待ってください。あなたは何をもってして「失敗」と簡単に口走ってるんですか。

ケーキを作っていたら、砂糖と塩を間違えた？「ケーキは甘い」というのもただの先入観です。塩キャラメルなんて商品もありますし、塩ケーキが流行ったっていいですよね！　肉じゃがを作ろうと思ったら、だしパックじゃなくて麦茶パックを入れてしまった？　なんて斬新！　麦茶風味でミネラルも摂取できる肉じゃがなんて、さらに進化したおふくろの味ですよね！

あなたは失敗したんじゃなくて、**「違う料理」を作っただけ**なんです。

あのエジソンも言ってるじゃないですか、「私は失敗などしていないよ。1万通りのダメな方法を見つけただけだ」って。

それでもあなたは料理がうまく作れなかったことを気にして、真っ黒に焦げたハンバーグを「ごめんね」と言いながら家族に出すでしょう。きっとその時、あなたの子供は「ううん、大丈夫だよママ！　私、ウェルダンが大好きだから！」とちょっぴりおませなことを言って、あなたをなごませてくれるでしょう。

また、お酢とみりんを間違えて酢の物だか「みりんの物」だかわからないものを出してしまった時だって、ご主人は「お酢とみりんを間違えたって、誰も傷つかないよ！人は完璧じゃないんだから大丈夫さ！」と爽やかに笑い飛ばしてくれるでしょう。

失敗ですら愛してしまうのが、本物の優しさ。あなたが料理を失敗したことで、家族の愛に触れることができたのです。涙なしでは聞けない素敵なお話ですね！

失敗料理が教えてくれた家族の愛のパワーをきっかけに、あなたは本格的に料理を研究！　今まではなかった新しいレシピを次々と見つけ出します。あなたのレシピはレシピ投稿サイトで大評判となり、レシピ本も出版、のちにカリスマ料理家に転身！　3分クッキ〇グに出演する日もそう遠くはないですね！

あなたは料理がヘタなんじゃなく、**今までの常識に縛られない柔軟なセンスの持ち主**なんです（まあ、ただぼーっとしていて間違えただけかもしれませんが、そのへんは黙っておきます）。

落ち込むよりも、前を向きましょう！　家族の優しい愛に包まれたあなたなら、怖いものナシですよ！

お悩み

会社やSNSで批判された……

モヤ
モヤ

スイッチ

よっ！　人気者はつらいね！

「気になる」から批判されただけ

人は、どうでもいい人のことを話題にしたりはしません。あなたはいい意味で、誰かの気になる存在になっているんです。

ほら、「好きの反対は無関心」ってよく言うじゃないですか！　**誰からも関心を持たれないよりは、まだマシだと、まずは喜んでおきましょう。**

はい、それでも誰かから批判を受けたらモヤッとしますよね！　でも、大丈夫です。自分が人から批判を受けるより、自分が人を批判するほうが、確実に自分のエネルギーは下がっています。

Aさんが Bさんのことを批判した時。

例えば「Bさんって服がダサいよね」と言葉にすると、その言葉をいちばん近くで聞いているのはAさんの耳です。その言葉を発したのも、Aさんの口です。それに、批判したAさんは自分ではないBさんを悪く言ったつもりでいても、心の奥深くではそんなことはおかまいなし、「Bさんが」じゃなくて「私って服がダサいよね」と、自分自身にダメ出しをしているととらえてしまうんです。

「あの人、ムカつく」と自分が思っていれば、エネルギーが下がるのは、あの人の心じゃなくて自分の心。ムカつかれたあの人は痛くもかゆくもありません。

少し話がそれますが、逆を言えば、「ありがとう」と人から言われた時は誰でも嬉しいものですよね。だけどこれも、「ありがとう」という言葉のいちばん近くにあるのは「ありがとう」と言った人の耳と口。「感謝」という高いエネルギーを持っているのは、**言われた人よりも言った人**、なんです。だから、「ありがとう」は誰かから言われることを期待するよりも、自分からどんどん言っていきましょうね！　そのほうが自分のエネルギーが高まっていきますからね！

こういったことを思うだけで、たとえ誰かから批判を受けても「ふーん。何か言ってるな」と軽く受け流せそうですが、「出る杭は打たれるが、出すぎた杭は打たれない」と松下幸之助さんも言っています。人の背丈を超えた杭は、打ちたくても届かないから、手が出せませんよね！　では、**天井を突き抜けるくらいに出すぎてしまいましょう**。

人気スターも一流アスリートも、ファンが多ければ多いほどアンチも増えるものですが、そんなものはどこ吹く風。人からの批判も「何くそ！」とパワーに変える力を持っているし、いつだって出すぎた杭が時代を変えていくんです。

足を引っ張ってくるような人間は放っておき、あなたは自分の魅力をますます高めてください。

批判されるほどの魅力や才能を持っているあなたのパワーが、よりいっそう力強いものになるはずです！

お悩み

どうしても行きたいコンサートのチケットが取れない！

モヤモヤ

スイッチ

妄想して妄想して
また妄想するぞ！
願えば思いは届くからね！

モヤモヤ

妄想し続けて実現するのを待とう

人は「ダメっぽいけど、こうなってほしいな」という思いと、「こうなっちゃうんだろうな～（本当はなってほしくないけど）」という2つの思いがある場合、かなり高い割合で「こうなっちゃうんだろうな～（本当はなってほしくないけど）」の思いのほうを選んでしまいます。

つまり、あきらめてしまうんです。

そのほうが、ラクなんですよね。願って願って、願いが叶うことを信じて、それでも叶わなかった時の絶望を味わいたくないために心の防衛反応が働いて、人は「どうせこうなるだろうな」のほうを選び続けてしまいます。

でも、本当に本当に手に入れたいものなら、あきらめる前に真剣に願ってみましょうよ！

本気で願ったから100％叶う、と言い切ることはできません。だけど、私には**あきらめずに願い続けたからこそ叶ったことが数多くあるのも事実**なんです。

ここから、チケットの話と関係ないばかりか、ちょっとしょうもない話をします。

ですが私の中では「スゴイ出来事」なんです。

スマホの機種変更をした時に、あるゲームアプリのデータが消えてしまうという悲しい出来事がありました。どうしても遊びたいゲームというわけではないけど、家族全員が遊んでいたので、愛着のあるアプリだったんです。

機種変更前にバックアップもとっていたはずなのに、なぜかバックアップデータが見つからず、運営会社に問い合わせ、何度かメールのやりとりをしたものの、どうも暗雲たれ込めている感じでピンチの連続です。

それでも私は「どうせダメだろうな（本当は望んでいないけど）」ではなくて、「大丈夫‼」の世界がやって来ることをずっとずっと妄想していました。「元通りになったー！」と喜んでいる自分と、「データが復活したよ！」と家族に報告している自分を何度も妄想し続けたんです。

すると、運営会社から「やっぱりデータ復活は無理です。ごめんなさい」というようなメールが届いてしまいました。大ピンチです。

ですが私は、「あー……ダメだった」と一時はガッカリしたものの、「あれ？　こうしてみたらいけるかも？」と違う方法を思いつき、また運営会社に問い合わせてみたのです。

運営会社から返信が来ない、何度も同じことを説明しなきゃいけない……など、また暗雲たれ込める出来事が続きましたが、しつこく「大丈夫‼」の世界を妄想し続けました。

そして、ゲームのデータが消失してから約1ヶ月後。

運営会社から「アカウントの復旧が完了しました」とのメールが届き、見事データは復活。私が妄想していた通りに**「大丈夫‼」の世界がやって来てくれた**んです！

「やっぱり無理です」という返信が来た時にそのままあきらめていたら、この復活劇はなかったはずです。そんな大ピンチの時も、あきらめずに「大丈夫‼」の世界を妄想し続けたおかげで、「このやり方でやってみたらいけるんじゃないかな」という考えがひらめきました。**私の妄想のおかげです**、と調子に乗っておきますよ！

こんな大ピンチの時も、願いを叶えたい時も、見るべき方向は決まっています。「どうせこうなるだろうな」じゃなくて「こうなりたい！」のほうを見つめ続ける。「どうしてもチケットを取りたい！」という願いだって同じですよ！

取りたいチケットを取れなかったのは、あくまで過去の体験であり、データです。今、取りたいチケットは発売中なんですよね？　チケットが取れるか取れないかがわかるのは未来の出来事であり、「取れない」なんて自分の頭の中で勝手に思っているだけですよね？

未来のことなんて、まだ何もわからないんだし、せっかくなら、「チケット取れたよー！　やったー！」と喜んでいる自分を頭の中に創り上げ、頭の中の自分を最高に幸せにしてあげましょう。

それがぬか喜びになるかもしれない……という恐怖心が湧いてきても、**まずは怖がらずに心から願ってみるクセをつけてください**。

チケットが取れて大喜びしている自分、コンサート当日にワクワクしながら服を選んでいる自分、コンサート前のドキドキする感じ、コンサートが始まり、憧れの人と同じ空間にいる自分……。

これが現実になったら、とても素敵ですよね！

まずは、ただ「こうなったらいいよね！」と願うことが肝心なんです。

また、「チケットさえ当たれば後ろのほうの席でもいい」と本心から思っているならいいのですが、「本当は最前列がいい！」と思うなら、遠慮なく良い席が取れることを願ってくださいね。

当然私は、好きなアーティストのコンサートの最前列を何度も体験したことがありますよ！　コンサートもスポーツ観戦も、日常の中にある非日常感がたまらないですよね！　そんな私は東京オリンピックのチケットも、ディズニーランドで見たいショーのチケットも、バッチリ当てています！

願いに遠慮は無用！
今までの体験も、過去のデータも知らん！

「こうなったらいいな」と願う世界をしつこく何度も何度も妄想することで、願い実現の可能性をぐーんと高めることができますよ！

お悩み

ディズニーランドで
まさかの360分待ち！

モヤ
モヤ

モヤ
モヤ

スイッチ

待ち時間は
「幸せに向かっている
いちばん幸せな時間」

「待っている」と思うとストレスになる！

ええええ！　360分待つなら他のアトラクションに向かうか、ファストパスが取れる時にまた再チャレンジするけどなあ……というのは完全に私の意見です。ディズニーの楽しみ方は人それぞれですからね！　360分待とうが、今日はどうしてもこれに乗りたい、これを体験したいという気持ちになることもあるでしょう。

そんな時、「待つ」と思えばストレスになり、苦痛の時間になってしまいますが、

「一緒にいる人とおしゃべりを楽しむ時間」

「楽しいアトラクションに乗る前においしいものを食べる時間」

（ディズニーではスナック系のフードもたくさん売っていますからね！）

一人で待っているなら、

「本をじっくり立ち読みできる時間」

「スマホゲームに没頭できる時間」

そして何より**「妄想できる時間」になりますね！**

ディズニーだけじゃなく、待っている時間はすべて「幸せな時間」に変換することができます。

電車を待っている時間も「好きな音楽を聴ける時間」「頭の中で好きなあの人とラブラブになれる時間」になるし、飛行機を待っている時間だって、「空港の施設を満喫できる時間」になり、病院で順番を待っている時間も「心を落ち着かせて瞑想する時間」に早変わりします。

「彼からのメール」「彼と会える日」も「待っている」と思うとつらいものですが、「一人で気楽に過ごせる時間」「彼に惚れ直してもらうために、もっともっときれいになる時間」ととらえれば、有意義に過ごすことができそうですよね。

「願いが叶うまで」の時間もそうなんですよ。

願いが叶ったら幸せで、叶っていない今は幸せじゃないと、「叶うその時」をただ「待っている」だけでは、いつまでもその願いは叶いません。

叶うまでの時間も「叶っていない今」を十分に楽しむための準備期間です。

だって、1週間後に1億円が入ってくるとなったら忙しいですよー！　「どこに行く？」「何を買う？」「誰に何をプレゼントする？」と頭は休む間もなく働くことになります。1週間後に超人気者になっても、外出するたびにひっきりなしにサインをお願いされ、大忙しです。

願いが叶っていない今は、ゆっくりのんびりと過ごせる貴重な時間ですから、楽しんでおきましょう。だって、**どうせあなたの願いは叶うんですから。**

はい！　そんなふうに思えば、待ち時間は「幸せに向かっている、(今も) 幸せな時間」ということができますね。

時間は、自分がどう過ごそうが、すべての人に平等に与えられているものです。

ストレスを抱えて今の時間を過ごすのではなく、**少しでも笑い、楽しむことに全力を注いでくださいね！**

お悩み

寝坊した！　やばい、遅刻する！

モヤ
モヤ
モヤ
モヤ

スイッチ

駅までダッシュで脚力アップ！
マラソン大会で優勝するぞ！

せっかくの脚力と体力を活かそう

んんっ⁉　寝坊をして時間ギリギリになるのは精神的に余裕がなくなり、あまりよろしくないことですが、あなたは何としてでも朝礼に間に合うようにダッシュしたのですね！

まずはあなたのその心意気をほめてあげましょう！　今日は、遅刻することなく何とか間に合いましたね！

……えええっ⁉　その次の日も寝坊したですって⁉

もう知らんがな、と言いたくなるところですが、あなたは今日も懲りずに駅までダッシュですか！　なかなか体力がありますね！

……って、次の日も⁇　またダッシュ？

わかりました。そこまでダッシュしたいなら、もうマラソン選手を目指しましょう。いやいや、何もオリンピック選手を目指せということではなく、その脚力を活かして会社や地域のマラソン大会でスターの座を獲得してみましょう。

毎日のように寝坊をして駅までダッシュをする。これ、私の夫の高校時代の日課だったようです。私はその当時はまだ夫と知り合っていないので、目撃したわけではないんですけどね。

その脚力を活かしてマラソン選手になったわけではありませんが、夫は年齢のわりに体力があります。小学校のマラソン大会が近づいてくると、夫と娘はトレーニングのために毎日のように走りに行くのですが、夫が娘に付き合って1キロや2キロ走ってくれるおかげで、娘は前年よりも10位も順位を上げることができたんです。

無駄に毎日走り続けた夫の朝ダッシュは、今ここで娘のマラソン大会のサポートをすることにつながっていたんですね……！　私も妻として、母親として、涙が止まらない思いです。何の得もなさそうな寝坊も、してみるものですね！

早めに寝ているのにどうしても朝起きられない、でも駅までダッシュする体力はある。そんな場合は、あなたに**「とりあえず走っとけ」という何らかのメッセージが届いているんです**。

寝坊する自分にダメ出しばかりするのはもうやめて、今日も爽やかに朝の町並みを走り抜けてください。

くれぐれも、人にぶつかったり、転んだりはしないように気をつけてくださいね！

お悩み

うんこを踏んじゃった！
ついてないよ……

モヤ
モヤ

モヤ
モヤ

スイッチ

この広い大地でうんこを踏むなんて、
ものすごい確率！
宝くじが当たる前ぶれかな！

見方を変えれば超ラッキー！

うんこを踏んだですって⁉　うんこを踏んでしまったあなたは「あーあ、最悪！」と叫びたくもなるでしょうが、人生において「うんこを踏む」って、なかなかレアな体験ですよね。

少し調べてみましたら、地球の陸地の総面積は1億4724万4000平方キロだそうです。まあそう言われてもさっぱり想像がつきませんが、とてつもなく広大だということはわかりますね。

その広い大地の中で、たまたまあなたが歩いていた道にホヤホヤのうんこが落ちていたんです。それってすごい確率だと思いませんか⁉

たまたまそこで犬がうんこをした、そこをあなたが通りかかった。あなたは下を見ていなかったので、気づかずに踏んだ。

誰かが道を掃除していたらうんこは片付けられていただろうし、誰かが水まきをしていたら、うんこもきれいに流されていたでしょう。が、そんな数々のハードルをくぐり抜けて、あなたはうんこを踏めたのです！

おめでとうございますー!!

これって、宝くじの3等や4等ぐらいだったら当てられる確率ですよ！

そうとなったら、今すぐ宝くじを買いに行きましょう。ウンがついている今のあなたなら、宝くじ当選など朝飯前です。

え？　そんなことよりお気に入りの靴が汚れて最悪だって？

何を言ってるんですか！　踏んだのがうんこじゃなくて釘だったら、あなたはけがをしていたかもしれないんですよ！　踏んだのが爆弾だったら、死んじゃってたんですから！

踏んだのがうんこで、本当にラッキーでした。命があるんだから、汚れた靴くらいブーブー言わずきれいに洗ってあげてください。

ね、こう思うだけで「不運な出来事」も「ラッキーな出来事」に早変わり。

「幸せ」か「不幸」かを決めているのはいつも、「出来事」ではなくて「あなたの心」なんですよ。

お悩み

どうせ私なんて、
何をしてもうまくいきっこないし……

モヤ モヤ

モヤ モヤ

スイッチ

「ダメな私」ほど、かわいいって♡

他人よりまずは自分の評価が大事です

「どうせ私なんて今まで失敗ばかりしてきたし、フラれてばっかりだし、顔もかわいくないし、スタイルもよくないし、料理もヘタだし、生きていても何もいいことがないわ……！」と若干スネ気味のあなた。

おやまあ！　ずいぶんと自分への評価が低いですが、どうしたんですか！

自分に自信がないわりに、「どうせ私なんて」というセリフだけは自信満々に言っていますね！

自己肯定感が低いと、自分と他人とを比較するようになり、ますます自信がなくなったり、他人に対して嫉妬心を持つようになったりしてしまいます。

また、**自分のことを「価値がない」人間として扱っていれば、周りからもそう扱われます**。

自分のことは自分自身が評価してあげて、自己肯定感をぐんぐん上げていかないと。

自己肯定感というものは、人よりもできることや優っていることがたくさんあるという自信ではなくて、何かができない時も、ダメだなと感じた時も、そんな自分を肯定してあげられる気持ちです。

●失敗ばかりしてきた？

↓　**「失敗」じゃなくて「いろんな体験をした」というだけのこと**

●フラれてばっかり？　↓　**あなたは涙するたびに、またきれいになるの！**

●顔もかわいくない？

↓　**あなたが「かわいくない」なんて、誰がそんなこと言った？**

●スタイルもよくない？

↓　**あなたのその体に、大好きなあの人は夢中！**

●料理がヘタ？　↓　**自慢じゃないけど私だってヘタですよ！**

●生きていても何もいいことがない？

↓　**それはあなたが「いいことがない設定」を選んでいるから**

苦手なことがあったって、失敗の連続だって、「これでいい」とOKサインを出してあげてください。**他人からの評価なんて、どうだっていいんです。**

他人から100の「いいね」をもらったけど自分が自分に「いいね」をあげていないのと、他人からの「いいね」がたとえゼロでも自分が自分に「いいね」をあげているのとでは、後者のほうが幸福度が高いんです。

周りから「美人ね〜」と言われているのに「私なんてブスだから」ってかたくなに言う人、いますよね。そういう人って全然幸せそうじゃないですよね。それよりも、「ハニワ顔だけどそんな自分が好き！」と言っている私のほうがよっぽど幸せそうに見えるでしょう！　なりたい度で言えば、圧倒的にハニワよりも美人でしょうけどね！

ここで気をつけてほしいのは、「そうか、自己評価が低い私はダメなんだ！　じゃあ自己評価を高くすればいいのね！」と「自己評価が低い私」を否定してしまうこと。それでは結局自分を否定していることになってしまうんです。

自己評価が低い私もOK、自分に自信がない私もOK。

「変わらなきゃ」と頑張るんじゃなくて、まずは今の自分を丸ごと受け入れてあげてください。

何かを成し遂げた時だけ自分のことをほめるんじゃなくて、**何もしていない**

時も自分のことをほめる。例えば、

●一日中ダラダラして過ごしてしまった！
↓
いや～、最高のダラダラっぷり！　エネルギーをたっぷり充電できたね！

●将来のことが心配……
↓
不安になってる自分もカッコイイー！

●太ってる私なんて魅力がないわ……
↓
よく食べてお肌ももちもち、こんな私もかわいいわ♡

●仕事もしてないし、社会から置いてきぼりにされた気分
↓
無職でも毎日ご飯を食べて笑ってる私、最高！

●水をこぼした
↓
水のこぼし方が最高にかっこよかったね！

●こけた
↓
今の転びっぷり、アクションスターも顔負けだったね！

●トイレに入った
↓
私のトイレットペーパーの取り方、世界トップクラスにエレガント！

ほら！　何かをしても、何もしていない時も、こうして自分のことをほめちぎって

みましょう。自分に対して「これでいいんだ」と思えるようになるし、**いつだって無駄に楽しい気分になれます**。

自分で自分の評価を下げるのも、他人の評価を待つのも、もうやめにしましょう。心配しなくても、あなたは十分にかけがえのない存在です。他人を受け入れ、優しくすることももちろん素敵なことですが、まずは自分を受け入れ、自分に目いっぱい優しくしてあげてくださいね！

「どうせダメだろうな」を見るクセから、「こうなったらいいな」「こうなってほしい」を見るクセに変える。

それも、1回だけ見るんじゃなくて、何回も何回も見つめ続ける。

最初から百発百中なんてできないし、「こうなったらいいな」が叶う率が100％じゃなくても、必ず「こうなったらいいな」が現実になっていく回数が増えてきます。

そして、「あきらめ」よりも「願望」にフォーカスできるようになります。

「ダメなほう」を見つめ続けるクセはもうやめて、「こうありたい」を見つめるクセをつけてくださいね。

あなたはもともと、十分素敵な人なんですから。

お悩み

そもそも何を願えばいいのか
わからない……

モヤ
モヤ

モヤ
モヤ

スイッチ

そこは
「みんなが笑顔」ってことで
いいんじゃない？

誰もが幸せになるために生まれてきているんですよ！

「私は、どうなりたいのか自分ではわかりません」

「何を願えばいいのかも、わからないんです」

というメッセージが届くことがあります。そうなんです。「自分の願いが何なのかわからない問題」。実はこれも、なかなか深刻な問題なんですよ！

他者（テレビやＣＭ、街にあふれている広告、誰かの意見）の影響を受けまくりの現代では、**「他人が欲しがっているもの」を「自分も欲しい」と勘違いしてしまうこともありがち**です。

みんながみんな6億円が欲しいわけではないですよね。いえ、私は欲しいですけどね。6億円よりも、緑に囲まれた場所で自給自足をして暮らす生活に幸せを感じる人もいます。タワーマンションの最上階で最愛の人と暮らす毎日に幸せを感じる人もいれば、田舎町でたくさんの家族に囲まれて賑やかに暮らす毎日に幸せを感じる人もいます。一人で生きていくことに幸せを感じる人もいます。有名インスタグラマーになりたい人もいれば、目立つことなく静かに生きていきたい人もいます。

「お金持ちにならなきゃいけない」「結婚しなきゃいけない」「痩せてなきゃいけない」そんな決まりはどこにもないのに、周りの雑音が入ってきて、自分の本当の願いが何なのかわからなくなることもありますよね。

自分の願いがわからない時は、他者の声に惑わされるのはやめて、自分の本当に欲しいものを知ることから始めないといけません。

「欲しがる」ということは、まず「知る」ことからなんです。

子供がサンタさんにクリスマスプレゼントをリクエストする時だって、おもちゃの情報が何もないと、「このおもちゃが欲しいです」と手紙に書くことができませんよね。いろいろなものを見て、読んで、聞いて、その中で自分の心が反応したもの。それがあなたの好きなものです。その好きなものを増やしていけばいくほど、あなただけの願いがカスタマイズされていきます。

私が好きなのは、妄想、文章を書くこと、本、温泉、ディズニー、南の島、紅茶、天ぷらそば、何の予定もない一日、そしてお金。

これらがうまい具合に組み合わさって、「妄想ブロガーになる」「笑ってもらえるような本を出す」「南の島で優雅に紅茶を飲む」「6億円を手に入れる」という、私だけの願いが誕生します。私専用の願いですから、いくら欲まみれでもいいんですよ！
まずはたくさんの「好き」を集めてみましょう。そして、「好きなもの」を集めながら、街を歩く時には、

「あなたと、あなたの大切な人が幸せでありますように」

と、すれ違う人を見ながらそっと心の中で繰り返してみましょう。

めんどくさいとか言わない！　せっかく、ちょっぴり素敵なことを言ったんだから、ちょっとやってみてください！

脳というものは、「他人」も「自分」も区別しません。他人に向かって言った言葉も、そっと心で思ったことも、脳は全部「自分事」としてとらえるんです。

すれ違った人の幸せを願ったつもりでも、その言葉は全部自分に向けて言ったことになります。つまり、誰かとすれ違うたびに「私と、私の大切な人が幸せでありますように」と願っていることになるんです。

今、自分の願い事が何かわからなくても、焦ることはありません。

誰もが「幸せになるために生まれてきた」という本質を思い出せば、自然とあなた専用の願いが生まれてくるはずですよ。

お悩み

願い事はたくさんあるのに
どれも叶わない

モヤ
モヤ
モヤ
モヤ

スイッチ

もう、こんなに叶ってるよ!

それはすべて「叶っている」ということ

「素敵な恋人が欲しい」
「幸せな結婚をしたい」
「きれいになってモテたい」
「お金持ちになりたい」
「憧れの職業につきたい」

願いはいっぱいあるのに、何ひとつ叶ってないんだけど！　というそこのあなた。

いいえ、**実はたくさんの願いが叶ってるんですよ。**

「喉が渇いた！」と思えば、たいてい何か飲み物を飲めるし、「トイレに行きたい！」と思えば、よっぽどじゃない限りトイレに行けています！　よかったですねー！　尋常じゃない喉の渇きも、トイレに行きたいのに行けないのも、とんでもない苦しみですからね！

……そんなことはできて当たり前だから、叶ってるうちに入らないって？

本当にそうですか？

「あの映画が観たい」と思って映画を観に行く。「あの本が読みたい」と思って本を買いに行って読む。「あのカフェの新作コーヒーが飲みたいわ」と思ってカフェに飲みに行く。

はたまた、「あの人にフラれるだろうな」と思っていたら、悲しい予感が的中してフラれてしまった。「お金持ちになんてなれないよ」って思っていたら、その通りにお金持ちになれない現実が続いていく。

「こうしたい」と願ったことだけじゃなく、「こうならなきゃいいのに」と思っていることも現実にする＝叶える力をあなたは持っているのです。

「幸せな結婚をしたい」と願っていても、「そんな簡単に素敵な人と出会えないし」「あの人は私のことを選んでくれないし」という思いのほうが強ければ、現実になっていくのはより多く自分の心を占めているものなので、「素敵な人と出会えない」「あの人は私のことを選ばない」という思いが叶っていくことになります。

望んでいないことを考えたり、簡単に口に出したりするのはやめておきましょう。

望んでいないことよりも、望んでいることに意識を向け、前向きな言葉を口にする！　まずはこれが鉄則です。

そして、どんなにささやかなことでも叶ったら大喜びしていきましょう。

私は喉が渇いて水を飲むたびに「くぅー‼　おいしいー！」と喜び、トイレに行くたびに「トイレに行きたい時に行ける幸せ最高……！」とトイレ内で感極まっています。ご飯を食べている時や、欲しいものを手に入れた時も当然、ハリウッド映画のクライマックスシーンさながらに大喜びしていますよ！

いつもいつも言動に表さなくても、心の中で十分なんです。

「思いが叶ったこと」に喜び、「私は思いを叶える力を持っている」と心の奥底にインプットしていきましょう。これをひたすら繰り返すことで、大きな願いも面白いほどに叶っていくようになりますよ。

叶っていく思いというものは、今頭の中で自覚できる意識（顕在意識）ではなく、心の奥底にある思い（潜在意識）です。潜在意識が「できる」「叶う」と受け入れている思いじゃないと叶わないからこそ、まずは顕在意識から変えていきましょう。

よく口にする言葉や普段の行動を変えていくことで、心が変わっていきます。

心が変われば、現実が変わっていきます。「叶っていない」なんて簡単に口にするのはもうやめて、叶えているたくさんのものに目を向けていきましょうね！

お悩み

もう終わった。最悪だ……

モヤ
モヤ

スイッチ

それでも、ほら。命はあるさ！

すべては「最高！」に変えられる

うわあああ！　生卵を落とした！　最悪！

あああ！　絶対見たかったドラマの最終回の録画忘れてたー！　最悪！

3時間かけて作ったデータを消してしまったー！　最悪！

彼にフラれちゃった……。もう最悪……。

生きていると、いろいろな「最悪」に出合うことがありますね。ええ、もちろん私だってそうです。

それでも、どんなに嫌なことがあっても、ほら！　あなたは「生きている」という奇跡を起こしています。

今日の夜、あったかい布団で寝て、そして明日の朝目が覚めて、ご飯をモリモリ食べて、トイレに行く。これは決して、当たり前のことではありません。これらができない人たちだって、世の中にはたくさんいます。

分子生物学者である村上和雄さんは、「生き物が生まれる確率というのは、1億円の宝くじに百万回連続で当たったのと同じくらいすごいことだ」とおっしゃっています。あなたが今この世に存在して生きているだけで、めちゃくちゃ奇跡を起こしているんです。

そんな大変な奇跡を起こしているあなたなら、きっとどんな最悪な出来事も「最高」に変えることができますよ。

1年前、私の夫は1ヶ月に13キロも体重が減るような、ハードな仕事をしていました（プロボクサーの減量か！　ってレベルですよね）。

夫の体が心配になり、「転職してほしいな」と感じていました。ここで普通なら「でも生活があるし、なかなかそう簡単には……」と踏みとどまってしまうはずです。

だけど、どんな時だって願うことは自由。「生活が」「仕事が」と自分以外の何かを主語に置くのではなくて、「自分は」どうしたいのか、「自分は」どうなってほしいのかをまずはしっかりと見つめましょう。

「〝私は〟夫がやりたいと思う仕事をしてほしい」

「〝私は〟もっと家族で過ごす時間が増えると嬉しいな」

こんなふうに、ただ願う。夫が仕事をしていて、休みを取れないような状況の時も「宮古島に家族で長旅したいな」とただ願っていました。

すると、夫に仕事を辞めざるを得ないような出来事が起きたんです。詳しく書くことはできませんが、夫に言わせてみれば、それは「最悪な出来事」。ですがその後、夫は仕事を辞め、今は私の仕事や家事のサポートをしてくれています。子供の学校の役員関係も、積極的に引き受けてくれています。私が願っていた「夫がやりたいと思う仕事をしてほしい」「家族で過ごす時間が増えてほしい」という願いは**「最悪な出来事」をきっかけに叶ったんです**。ただワクワクと夢見ていた宮古島長期旅行も、叶いました。仕事のストレスから解放され、夫の体重がどんどん増加しているのは若干気になりますけどね！

「最悪な出来事」をそのまま「最悪」で終わらせるか、「最高の出来事」に変えるかは、あなた次第です。

ほんのちょっとだけスイッチして切り替えることで、幸せはやって来る。

そのことをいつも忘れないでいてくださいね。

第2章

お金が私を嫌ってる！

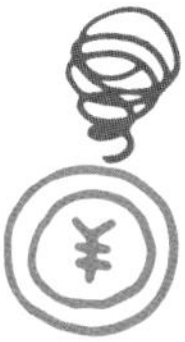

お悩み

財布の中身が100円しかない！

モヤモヤ

モヤモヤ

スイッチ

お財布も
身も心も軽くなってラッキー！

財産は財布の中だけじゃない

おおー！　財布の中身が100円になるなんて、ラッキーですね！

だって、財布の中に1000万円も入っていたら、財布が重くてしょうがないでしょう。ここはひとつ、身も心も軽やかにスキップでもしたいところですね！

実はそんな私も、「財布の中身が66円」を体験したことがあるんです。ふふふ！

私は100円を切ってみましたよ！　なかなかやるでしょう！

この時、私がどうしたかというと、**とりあえず笑っておきました。**

何にも考えず、何の心配もせずにお買い物をしたら、財布の残金が66円になっていたんです。危ない危ない、あと1つ何かを買っていたら、危うくレジでお金が足りなくなるところでした。

さて、「何をノーテンキに……」と呆れられるかもしれませんが、**「お金がない」時にお金がないことを嘆いても、慌てふためいても、お金が降ってくるわけではありません。どうせなら、面白がっておきましょうよ！**

財布に100円しかなくても、帰る家がある。スマホだってある。服だって着ている。食べ物だってある。健康な体がある。それなら、ちゃんと生きていけます。「お金がない」と感じた時は、「お金がすべて」「お金がないと生きていけない」という気持ちでいっぱいになっているのかもしれません。そんな時は、自分の部屋を見渡してみてください。

まず私は、目の前にパソコンがあります。プリンターもあるし、何百冊という本もある。読者さんから頂いたプレゼントや手紙もあります。これだけで、お金には代えられない財産ですね。

そしてリビングに目を移せば、そこにはテレビもある。電子レンジもある。エアコンもある。子供が描いた絵も飾ってある。ふと鏡を見れば、何だかニヤニヤしている私が映っています。

あれ⁉ よく考えたら私自身だって、見える目を持っている。この目は、誰かに「10億円あげるからちょうだい」と言われても渡せるものではありません。100億円出されたとしても、「はいどうぞ」と自分の目をあげることなんてできませんよね。

生まれた時から目が見えない人は、「一度でいいから大切な人の顔が見たい」と言い、「空の青さがどんなものか知りたい」と願うのではないでしょうか。当たり前のようで当たり前じゃない「目が見える」という幸せを手に入れている私は、100億円以上の宝物を持っている女なのです。

そしてきっと、この本を読んでくれているあなたも。

長年お金がない状況に慣れ続け、「お金がない」が口グセだった私も、お金がない現実を笑い飛ばし、「ある」を見つけていくことで状況は変化していきました。

今、私のお財布に6万円以上が入っているとしたら、66円から1000倍にも増えているということになりますよ！

おおお！　何だかとんでもなくお金持ち気分になってきました！

「ない」を嘆きたくなった時は、「ある」ものに目を向けていきましょう。

「ない」ばかりを見ていたら「ない」が拡大していき、「ある」を見ていたら「ある」が拡大していく。

この法則に、絶対間違いはないですからね！

お悩み

どうしても無駄遣いしてしまう

モヤモヤ

モヤモヤ

スイッチ

たくさんのお店に喜びを
プレゼントできたよ！

喜びを与えた分だけ、架空口座にお金がたまる

あなたは洋服屋さんで服を買いました。洋服屋さんに、お金を支払いました。
あなたはカバン屋さんでバッグを買いました。カバン屋さんに、お金を支払いました。
あなたはコンビニでチョコレートを買いました。コンビニの店員さんに、お金を支払いました。

「ああ、またお金を使っちゃった……」とあなたは「お金が減った」ことを後悔しているかもしれませんが、そんな必要はありません。ただ洋服屋さんに、カバン屋さんに、コンビニに**「お金が移動した」だけ**なんです。

お店は、それぞれのサービスを提供し、それと引き換えにお金を受け取ります。お店は、あなたのお金を受け取って、とても嬉しい気持ちになりました。あなたは、そのお店の商品を買うことで、**お店の人に「喜び」のパワーをおすそ分けしたのです！**

無駄遣いしてしまったということは、あなたはたくさんのお店に「お金」という形で「喜び」をプレゼントしたんです。**誰かに与えたものは自分に返ってくるというの**

がこの世の不変の法則なので、またあなたに「喜びパワー」がやって来るのは必然のことなんですよ！

ちなみに今、我が家は夫が専業主夫をしています。まだ主夫業を始めて間もない夫は、料理がそれほど得意ではなく、夕食のメニューで悩んだ日はすぐに出前か外食になってしまいます。

出費がかさむし、野菜が不足するじゃない！　と言いたくもなりますが、自分の思い通りにならないことにイライラしていてもしょうがありません。

野菜不足が気になるなら野菜を使ったおやつを作ればいいし、お味噌汁にたっぷり入れるのでもいい。そして出前や外食に頼ったらその分、そのお店の売り上げに間違いなく貢献できているじゃない！　こんなふうに気持ちを切り替えることで、なんだかすごくいいことをした気分になりますよね！

ただ、お金を使った時に自分の内側からあふれ出してくるものが「喜び」ではなく、それよりも「後悔」「自己嫌悪」のパワーのほうが上回ってしまえば、せっかくやって来た「喜びパワー」を「後悔パワー」「自己嫌悪パワー」がやっつけて、退けてしまうんです。そしてあなたは、喜びを感じることなくまたお金を使うたびに「後悔」

と「自己嫌悪」の感情に押しつぶされることになってしまうんです。それではあまりにももったいないですよね！

さあ、これからは喜びに満たされながらお金を使いましょう！　あなたは無駄遣いだの何だのって言いますが、この世に無駄なものなんて何ひとつないんですよ！　どの商品も、それを必要としている人がいるから売られています。ミミズだってアメンボだってみんな生きているんです。お店の商品だって同じでしょう！

コスメを買うことでもっときれいになる人もいれば、お菓子を買うことで子供の笑顔を見て幸せを感じる人もいるし、コンビニで買ったコーヒーが今日一日の活力になる人もいる。

あなたが買った品物は、全部今のあなたに必要なもの。あなたが必要なものを買うことで、お店の人も喜びに満ちあふれた。あなたのお金は「減った」のではなく、喜びを与えた分だけ架空口座にチャリンチャリンとたまっていっているのです！

こうして、**お金を使える幸せ、お金を支払える喜びを全身で感じてみましょう**。

そうするうちにあなたの心は満たされ、それと比例するように本物の口座にもお金がチャリンチャリンとたまってくれるようになりますよ。

お悩み

投資に失敗して、貯金を全部失った！

モヤ
モヤ

スイッチ

神さま、私には「乗り越えるパワーがある」って教えてくれているんですね！

想像力と前に進む勇気があれば、人は生きていける

投資にチャレンジしてみたけど、どんどんドツボにはまってしまって500万円の損失を出してしまった……！　あれまあ！　では、あなたはこの先どうなってしまうでしょうか？

そんなの、もう夢も希望もないし、おしまいに決まってるじゃないか！　どれくらい絶望的かって、もう俺はどうせこれから卵を買うたびに全部落として割っちまうんだ！　宝くじだっていつも1等の番号の数字と5桁目だけが1つ違いという絶望を味わい続けるんだ！　カップ焼きそばを作って湯切りをする時だって、いつも麺をシンクにぶちまけてしまうんだ……！

大丈夫。そこまでの想像力があるなら、あなたは生きていけます。

その想像力を、「良いほう」に変えてみましょう。

お金を失うことができたのなら、お金を増やすことだってできるんです。

マイナスになった分と同じだけ、またお金が増えたら？

プラスマイナスゼロばかりか、10倍にもお金が増えたら？

嬉しいですね！　５００万円の損失なんて、たかが通過点になっちゃいますね！

いや、そんな簡単にお金なんて増えない、５００万円なんて簡単に稼げるわけがない……と心は猛反発してくるでしょう。心って油断してるとマイナスのほうにマイナスのほうに進んでいきたがりますからね。

でも、**心がマイナスのほうに進んだって、明日はやって来ます。**

人生に絶望して下ばかり見つめながら歩いていても一日が経ち、希望を胸に空を見上げながら歩いていても一日が経っていく。それなら、希望を胸に空を見上げて生きていくほうがいいじゃないですか。ほら、いいこと言った！

そんなあなたに勇気が湧いてくるお話を。

矢沢永吉さんは、信頼していたスタッフに裏切られ、35億円もの借金を抱えたことがあるんです。それでも、数年かけて全額返済。そんな永ちゃんはこうおっしゃっています。

「リストラされたって、借金を背負ったって、それは役だと思え。苦しいけど死んだら終わりだから、本気でその役を生き切れ。つまり視点を変えれば、気持ちが切り替わるってことなんだ」

矢沢永吉さんだから多額の借金をなかったことにできたわけじゃなく、そりゃ絶望もしたはずです。それでもその絶望ばかりを見つめず、前を向いてまた動き始めた。

「人はね、動けば何か起きますよ。いいことも悪いことも、ミディアムも。10のプラスを狙えばマイナスの10も。悪いことはずっとないんだから」

マイナスになることもあれば、プラスになることもある。

その出来事が起きたのは、あなたに乗り越えられるパワーがあるから。

失ったのは、あなたにそれを埋められる力があるから。

あなたのその想像力を使えば、これから先はプラスだらけの人生になっていきますよ！

お悩み

1000万円の借金がある……

スイッチ

請求書は「あなたならできる」というラブレター♡「早く返せ！　オラ！」じゃないよ

「どうやったら返せる？」に意識をスイッチしよう

毎月何通も届く「お金返してね」の請求書にうんざりしているあなた。

「うわあああ！」と頭を抱えたくなることでしょう。

でも、ちょっと待ってください。請求書は「オラオラ！　早く返せ！」という意味ではありません。

相手方は、あなたにお金を返済する力があると思ったから、お金を貸してくれました。そして今もその力があると思ってくれているから、請求書が届くんです。自分以上に自分のことを信じてくれている、相手の期待に応えなくては！

大丈夫、矢沢永吉さんだって35億円の借金を完済したんです。あなただって、1000万円の借金をたった1年で返せたら、カッコイイですよね！

その体験で講演会もできるし、本だって書けます。その本が売れに売れて漫画になって、ドラマにもなって、ついには映画に。今をときめく俳優さんに主役で出てもらって、その隣にピースサインで写っているあなた。とんでもないサクセスストーリーがあなたを待ち構えていますね！

1000万円なんて屁でもないくらい**儲かっちゃいますよ！**

こうして、「返せない、返せない」じゃなくて「どうやったら返せる？」に意識を転換してみましょう。

毎月届く請求書は、あなたの未来を信じてくれている応援ラブレターです。

1通ずつ、届いた請求書に、

「応援ありがとう！」

「私は返せる！」

と書いていきましょう。

はい、今のところは返せるアテなんてなくてもいいんです。まずは心が前を向くことから始めましょう。

「1000万円の借金を楽々と返した人」になりきって、そのようにふるまいながら毎日を過ごしてみるのもいいですね。

現実が追いついていなくても、まずは形から入っていいんです。

そう、これであなたはもう「返せない」から「返せる」にスイッチしました。そして、**たとえ1万円でも返済に充てることができたら、「よっしゃあ！　返せたー！」と「返**

せる私」を自分の頭と体にインプットしていきましょう。

全額返せたら、まずは何をしましょうか！

「やったー！」と思いっきりガッツポーズ？　昼間っからおいしいおそば屋さんに入ってお酒を飲む？　家族に笑顔で「全部終わったよ！」と報告する？

その姿を、アリアリと妄想しましょう。

あなたはどん底の未来ではなく、光り輝く楽しい未来に向かっているのですから！

お悩み

収入が増えない……

モヤモヤ

モヤモヤ

スイッチ

それはただの思い込み。
収入は増えて当たり前!!

望んでいないことを思い込むのはやめよう

収入が全然増えない？　そんなのは、ただの思い込みですよ！

そう思っている通りに、収入が増えない世界があなたの前に展開しているだけなのです。

じゃあどうやって収入を増やしたらいいのって？

知りません。**そこは、考えなくていいんです**。

いやいや、ふざけているわけではないですよ。これは私の実体験ですから、自信を持ってお話しできます。

自分ではまったく手段が思いつかなくても、「お金持ちになってウハウハ」な自分を妄想しましょう。

私も、そうでした。数年前の私は専業主婦で、自分が何が好きで何が得意かもわからずにいました。だけど**ただただ「お金が欲しい！」という欲まみれの願望を持ち、「何だか知らないけどお金持ちになった私」を夢見始めたのです**。

新幹線に乗る時はグリーン車、旅行をしたい時はいつでもし、ショッピングモールに行く時は何十万円ものお金を財布に入れて、夕食にはいちばんいいお肉を買うの……！

そんな妄想にニヤニヤしながらも、お金持ちになる手段は「宝くじに当たるのかな？」「夫がいきなり出世しちゃう？」なんて考えてもいましたが、ブログを書き続けたことで本の出版が叶い、仕事の依頼がさまざまな場所から入ってくるようになったのです。

「お金持ちになってウハウハ」かどうかは置いておいて、「超お金持ちの私」に着実に近づきつつある毎日ですよ！

人の頭というものは、どうしても「今の現実」を採用してしまうんです。「今がこうだから、この先もこうなるだろうな」と何の疑いもなく思い込み、その通りの現状を続けてしまう。また、自分の「こうなりたい！」というはっきりとした意志がない場合は、「大衆の意見」に流されてしまいます。

例えばメディアが「今年は不景気だ」と言えば「うむ、不景気なんだな」と受け入れてしまい、家族が「この先家計が厳しくなるから、節約していくよ」と言っていればその通りに「家計が厳しくなり、節約せざるを得ない生活」がやって来てしまいます。

　どうしたんですか！　自分の人生なのに、そんなにあっけなく他人の言葉を受け入れる必要なんてないんですよ！

　いつでも未来の選択肢を選べるのは自分です。自分が望んでいることではない言葉を耳にしたら、

「今はそうかもしれないけど、この先はわからないよね！」

と自分の中にその言葉を取り入れることをストップし、望んでいるものを取り入れていきましょう。

「収入は増えていくのが当たり前！」

「お金を使ったら、その分ちゃんと増えていく！」

「私はお金持ちになる！　どうやって？　知らんけど、なる！」

　こんな言葉を採用して、どんどん口にしてください。

「何の根拠もないのにバカみたい」と思ったでしょう、そうでしょう。でも、今までまともに生きてきて「お金がない」と悩んでいるのなら、ここはあほになるしかないんです。

早くあほになった人ほど救われます。

はい、それではご一緒に！

「お金はどんどん増えていく！」「お金はどんどん増えていく！」

「お金は水のようにあふれてくる！」「お金は水のようにあふれてくる！」

「お金は簡単に入ってくる！」「お金は簡単に入ってくる！」

ね！　「収入が増えない」が口グセだった時より、何だか心が軽やかに、楽しい気分になったでしょう！

「そう思っていたらそうなる」のがこの世界の絶対的な法則です。「世界」が一瞬で変わることはなくても、「思い」は一瞬で変えることができますよね。

望んでいない思い込みを大切に抱え込むのはもうやめて、「望むもの」を心の中に刷り込んでいきましょうね！

お悩み

貯金ができない！

モヤモヤ

スイッチ

今すぐ空き瓶に
1円を入れてみよう。
ほら！　貯金できた！

モヤモヤ

貯金は自分がワクワクするためにするもの

もしや、貯金というものは何十万単位、何百万単位じゃないと成立しないと思っていやしませんか？

とんでもない！ 空き瓶に入っている1円玉だって、銀行に入れた1000円だって、立派な「貯金」なんです。

子供の頃、100円玉も10円玉も1円玉も全部キラキラと輝いて見えて、ただ眺めているだけでワクワクしましたよね？　その感覚を思い出してみましょう！

1円玉も5円玉も1万円札も、ぜーんぶ同じ「お金」です。1円玉や5円玉は1万円札のかわいい子供、ということもできますね。というか、そういうことにしておきましょう。

1円玉や5円玉を「ふん、たかが小銭だし」と見向きもしない人と、1円玉や5円玉を大事にする人だったら、親である1万円札はどちらの人の元に行きたいと思うでしょう？

そう！　正解です！　親は子供を大事にしてくれる人のことを、無下にはできないものです。もしも私の子供がよそのお宅に1週間お邪魔して、とてもとても大事にされたら（ま、現実ではそんなことはありえないんですけど）私は間違いなく「うちの子をかわいがってくださって、本当にありがとう」とご挨拶に行きますよ！　私一人で行くどころか、身内総出でお礼を伝えに行っちゃいます。

諭吉さんだって、同じなんです。小銭を大事にしてくれた人の元へは、たくさんの仲間を連れて「うちの子を大事にしてくれてありがとうねー」と遊びに来てくれます。

千里の道も一歩から。**貯金の道も1円から。**

「貯金ができない、できない」と嘆いているヒマがあったら、できることを見つけてみましょう。できない時にできないことを無理してやろうとするんじゃなく、できることをやるんです。

その辺の空き瓶に1円玉をチャリンと入れる。もう少しリッチなら銀行に預金用の口座を作って1000円を入れてくる。そして**貯金が「ある」と全力で感じるんです。**

「たかが1円」「たった1000円」と思ったら負けです。童心を思い出して「うふふ……！　お金がある！」とキラキラした心で感じてみましょう。

そのうち、1円玉だけだった空き瓶の中にも5円玉が増え、10円玉が増え、50円玉が増え、100円、500円とみるみるうちに増えていくことでしょう。だって、たかが小銭ですからね！　あ、しまった、たかがって言っちゃった！　小銭は1万円札の大事な大事な子供たちでした！

その大事な小銭たちはあっという間に1000円を超え、口座に預ければあっという間に1000円も1万円に。1万円は10万円に。ほら、こうしてちゃんと額は増えていくものなんです。

「私には貯金がある！」「私は貯金ができる！」「貯金なんて楽勝楽勝！」と思ってしまえば、本当に貯金なんて楽勝になっていくんです。

そして、貯金の目的はあくまで「自分がワクワクする」ため。

「将来が不安だからとりあえずためておこう」という気持ちで貯金をしていたら、その思い通りに「不安な未来」がやって来てしまいますからね！

空き瓶にお金をチャリンと入れるたびにワクワクし、口座にお金を預金するたびにニヤニヤし、増えていく口座残高を見てまたワクワクする。

そのワクワクはまたきっと別のワクワクを連れて来てくれるんです。

お悩み

旅行するお金もないし、ヒマもない

モヤ
モヤ

スイッチ

妄想力を鍛えるチャンス到来！

今から叶える準備をしよう

大丈夫、妄想で数多くの旅行を実現させてきた私におまかせください。「旅行できない」と感じているのは、今の状況を見てあなたが勝手にそう感じているだけのことです。

旅行を現実化させるコツの、まず1つめはこれです。

①現状を無視する

今は旅行の費用がなくても、時間がなくても、一緒に行ってくれる人が誰もいなくても、そんな些細なことは気にしなくて大丈夫です。**今の現実はシカトしましょう。**

②行きたい場所を思い浮かべてニヤニヤする

はい、最重要ポイントはこの②に尽きます。

遠足の前も、修学旅行の前も、旅のしおりを見てワクワクしていましたよね？ それは、遠足や修学旅行に「行く」「行ける」ともう決まっているから「こんなおやつを持って行こう！」「あの観光名所で友達と写真を撮るんだー♪」と楽しみに待つことができました。それを、旅行が「決まる前」からやるんです。

さあ、今すぐ行きたい場所のウェブサイトを開いて写真を隅から隅まで眺めましょう。泊まりたいホテルも決めましょう。ガイドブックも買ってきましょう。海外なら、その国の言葉の勉強もチラッと始めましょう。パスポートも用意しましょう。スーツケースも準備しましょう。トラベルグッズもほら早く！　え？　持ってない？　いやいやいやいや、今すぐオシャレでかわいいやつを買ってきてください。

この、「先に準備をする」という方法には大きな秘密があります。

作家のひすいこたろうさんが『前祝いの法則』（大嶋啓介共著　フォレスト出版）という著書の中で「予祝《よしゅく》」について書かれています。予祝とは、豊作や多産を祈って、一年間の農作業や秋の豊作を模擬実演する行事のこと。お花見や盆踊りも、秋の豊作を願った予祝だと言われています。予祝、いわば「前祝い」をすることで、その現実を引き寄せるという、日本人がはるか昔からやっていた叶え方なんです。

予祝を一人でやる方法は、とても簡単。

すでに「それが叶った」気分になって喜んでしまうだけ、なんです。

「旅行する」気分になって、ワクワクする。

まだ予定も何も決まっていなくても先に自分が喜んでしまうことで、「旅行」がプレゼントのようにやって来てくれるんです。

行きたい場所の写真を眺めながら、トラベルグッズの用意をしながら、憧れの地に立っている自分を思い浮かべてみましょう。

目の前にはどんな風景が見える？　どんな音が聞こえる？　どんな香りが漂ってくる？　隣にいる人は？　自分の服装は？　天気は？　見上げた空の色は？　一緒にいる人の表情は？　どんな会話をしてる？

ほら！　脳内で旅するだけで、とても幸せな気持ちになったでしょう！

これが「ただの妄想」で終わるか、旅行が現実化するかは、あなた次第。たった一度限りの妄想では「ただの妄想」で終わってしまいますが、**何度も何度も頭の中で旅立てば、旅行できるチャンスは必ずやって来ます**。

お金も時間もなかったけど沖縄旅行が叶い、「小さい子供がいるから無理かな……」と感じていたけど友人との温泉旅行も叶い、1年前に「夫が仕事の休みを取れないから厳しいかな」と感じていた状況でも宮古島への長期旅行が叶った私が保証します。

まずは「行きたい！」と思う、そして行った気分になってニヤニヤするんです。

③「ここに行きたい」と口にする

「行きたい」気持ちを遠慮なく周囲に言いまくりましょう。私は家族を巻き込んで「ドコドコに行きたい」と言い続け、今いちばん行きたい場所の写真をデスクの前に貼り、常に「いつかここに行くよ！　行くんだからね！」と圧力を与えています。

温泉旅行も、友人に「行きたい、行きたい」と言い続けたことで実現しました。また、「香港ディズニーランドに行ってみたい！」とふと思い立ち、早速ブログに書いたところ、その記事を私の憧れの存在である奥平亜美衣さんが偶然読んでくれて、「私たちも来月香港に行くので、よかったらご一緒に」と声をかけてくださり、あっという間に実現した経験もあるのです！

行けるか行けないかは二の次で、まずは言ったもん勝ち。それに、行けるか行けないかは運命が決めることではなく、自分が決めることです。お金や時間が今はないと感じていても、自分がその気になることで結果はちゃんとついて来てくれますよ。

お悩み

宝くじが当たらないんですけど！

モヤ
モヤ

スイッチ

宝くじは、オリンピック！
あきらめなければ
金メダルだって取れる！

夢をつかんだ人も現実にいる！

宝くじに高額当選する確率は1000万分の1、とも言われています。

1000万？　ちょっとピンと来ませんね。

1円玉1000万枚の中からたった1枚、特定の1円玉を見つけるとしたら？　何だか途方もなく無理そうに感じてしまいますね。

スウェーデンの人口は、約1000万人らしいです。スウェーデンの全人口の中から、たった一人選ばれる……。これも何だか厳しそうな確率ですね。

「無理そうなもの」を見つめるのはやめておき、ちょっと視点を変えてみましょう。

四つ葉のクローバーを見つけられる確率は、1万分の1と言われています。

あれっ？　0が3つ減っただけで、何だか簡単そうに思えてきませんか？　というより、四つ葉のクローバーを見つけた経験って皆さんもありますよね？　私も数年前に子供と遊びに行き、「四つ葉のクローバーないかな〜」と必死に探していた時は見つからず、「よっこらしょ！」と腰を下ろしたら、ちょうど置いた手元の先に四つ葉のクローバーがあったことがありました。

わりと簡単に見つけられそうに感じる四つ葉のクローバーより0を3つ増やせば、宝くじに高額当選する確率になるということです。よし、なんだか余裕に思えてきました！

また、隕石に当たる確率は1/10,000,000,000らしいです。はい、今0の数を数えたでしょう。そう、100億分の1です。100億分の1なんてとんでもないですね。「隕石に当たりそう」なんて普段、心配しないですもんね！　100億分の1に比べたら、宝くじの1000万分の1なんて簡単です。

ここまで読んで、「やっぱり宝くじなんて夢だ」と感じた方もいることでしょう。ですが、当たっている人がいるということもまぎれもない事実なんです。

100億分の1の確率である隕石に、1年間で5回当たった人もいるらしいですから（ちなみにこの方はボスニア・ヘルツェゴビナに住む方で、いたずらかと思われ大学で詳細に検査されたところ、当たったのは正真正銘の隕石だということが証明されたそうです）、1000万分の1の宝くじに高額当選なんて楽勝ですよね。

オリンピックに出場する選手たちは、その種目でたった一人しか手にすることができない金メダルを目指して、毎日トレーニングをしています。

「たった一人しか取れないんだったら、無理だ～。もうやめやめ！」とあきらめてしまった選手は、絶対に金メダルを取ることはできません。だけど、金メダルの夢を手放さず、日夜トレーニングを続けた選手だけが、金メダルを手にすることができるのです。

宝くじもオリンピックと同じ。さあ、**「確率」というただの数字や「どうせ当たらないでしょ」という世間の声に惑わされるのはやめましょう**。宝くじが発売されるたびに、高額当選している人は必ずどこかに存在しているのです。あなたが宝くじという種目の金メダリストになってしまえばいいだけのことなんです。

宝くじに当選した瞬間をまざまざと脳内に思い描きましょう。「700,000,000」と記帳された通帳を想像しましょう。当たったことを誰に言うか、当たったお金を何に使うか、真剣に考えましょう。

宝くじはメンタルトレーニングです。オリンピック選手は体も心も鍛えますが、宝くじ当選を目指すあなたは主に心を鍛えておきましょう。日頃から善い行いをどんどんしていきましょう。道端に置いてある空き缶をそっとゴミ箱に捨てたり、電車では自分より疲れていそうな人に席を譲ったりしましょう。ウン億円というお金があなたの元にやって来るのですから、それぐらいはしておきましょう。そして、ウン億円というお金が入ってきても体がヨボヨボでは意味がありません。やっぱり少しくらいは筋トレもしておきましょう。健康なメンタルのためには健康な肉体も必要です。

オリンピックは4年に一度ですが、宝くじは毎年チャンスがあるんです！　毎週開催されているくじもありますから、オリンピック選手に比べたらチャンスは星の数ほど用意されていますよね！

宝くじは「当たる」か「当たらない」かのただの二択。2分の1の確率なんです。はい、こんなふうに自信満々で話している私もまだ高額当選を叶えていないので、「信ぴょう性がない！」とおっしゃる方もいるでしょうが、大丈夫です。宝くじメンタルトレーニングに毎日励みつつも、億万長者になる方法は宝くじだけではないので、「いずれ7億円がやって来るし～」と余裕をぶっこいています。その余裕がまたいい方向に進んでくれるのではという隠しきれない下心をしっかり抱えつつ、今日も私は**ニヤニヤしながら宝くじを買う**のです。

宝くじを買うのも自由、買わないのも自由ですが、少しでも「ん!?　今かも！」と感じたなら買ってみる。その瞬発力が、億万長者に近づく確実な一歩になりますよ！

第3章

仕事でしくじりざんまい！

お悩み

資格試験で0点をとってしまった……

モヤモヤ

モヤモヤ

スイッチ

0点をとらせていただき、ありがとうございます!!

神さまはあなたを試している

資格試験で0点をとってしまった！　あんなに頑張って勉強したのに0点なんて、もう僕は神にも仏にも見放されてしまった……。もう僕なんて生きている価値もない虫ケラ以下なんだ！　今度生まれ変わるとしたら、僕なんてバクテリアで十分だ……。

いやいや、ちがーう!!

ここは自分の価値を1ミクロン以下に設定している場合ではなく、「0点をとらせていただき、ありがとう！」と感謝するのが正しい反応なんです。

皆さまも同意してくれると思いますが、**0点って意外ととれないもの**です。私の最低得点も、高校の頃にとった世界地理23点ですからね！

0点をとるなんて、逆にすごい！

まずは貴重な体験ができたことに、心から喜んでおきましょう。

そして、これは**「その資格、やめといたほうがいいよ」という神さまからの啓示だととらえましょう**。

だって、一生懸命勉強したにもかかわらず、0点をとってしまったんですから、そうとしか思えませんよね！　きっと、その資格試験に合格しても、その先に待ち構えているのは苦難だけだからやめておきなさい！　という**神さまの優しさ**なんです。

あなたに向いている資格や仕事は、他にあります。

安心してください。天才と○○は紙一重って言うじゃないですか。他の分野で必ず、輝かしい功績を残すことができますよ。

……え？　それでもどうしてもこの資格が取りたいって？

素晴らしい！　0点という厳しい状況に負けず、あなたは自分の夢を貫くのですね！　その本気を、神さまもきっと見ています。0点という稀《まれ》な体験は、神さまからの**「その夢、本気で願ってる？」**というお試しテストだったのですね。

「その夢とは違う道を選んだほうがいいよ」というサインをくれたり、「その夢、本気？」とお試ししてきたり、神さまがいつも見守ってくれていることは間違いないですね！

たとえ0点をとったとしても、それはただのテストの結果。あなたが生きているだけで、あなたの人生は100点なんです（むりやりきれいにまとめたー！）。

お悩み

通勤電車が運転見合わせ。大事な会議に間に合わない！

モヤ
モヤ

「よし！　どんなことが起きるんだろう！」ってワクワクしかない！

出来事は意味づけ次第で、「最悪」にも「ワクワク」にもなる

大事な予定がある日に限って電車が遅れていたり、止まっていたりすること、ありますよね。

では、「最悪な一日パターン」を見てみましょう。

今日は大事な会議なのに、電車が止まっている！

とはいっても、大事な会議ですから遅れるわけにはいきません。電車が動いていないとすれば、他の手段で会社に向かうしかないですね。

「もー、最悪！」とイライラしたあなたは、バス停に向かいます。ところがバス停は長蛇の列。並んでいたら会議の時間に間に合いそうもありません。

次に、タクシー乗り場に行ってみました。ああ……予想通りというか何というか、こちらもディズニー顔負けの長蛇の列になっています。

「とりあえず、会社に連絡はしておこう」と携帯を取り出したあなたですが、何ということでしょう。昨日充電をし忘れていたので、電池が切れていて使えません。

あなたの頭の中には「最悪」「イライラ」「ああもう帰りたい」しかありません。

駅でじっとしていてもしょうがないので、あなたはひとまず会社に向かって歩くことにしました。途中のどこかで、空《す》いているバス停が見つかるかもしれません。

あああっ！　向こうからタクシーが来ましたよ！　ラッキーなことに「空車」と表示されています！

「はい！　はい！」と勢いよく手を上げたあなた。そんなあなたのすぐ隣で、まったく同じタイミングで手を上げた一人の男性が。

頭の中が「イライラ」でいっぱいになっていたあなたは、その男性が実はイケメンであったことにも気づけません。「ちょっとすみません！　私急いでるので！」とさっさとタクシーに乗り込んでしまいます。男性だって急いでいたに決まってるんですけどね。

イライラしながら会社にたどり着いたあなた。会議に出ても、気のきいた発言ができるわけもありません。

あなたが最初に自分で予告した通り、今日という一日は最悪な一日になってしまいました。**チーン……。**

これは決して「電車が止まっていたから」最悪な一日になったんじゃないんです。電車が止まっていて困った人は大勢いたはずですが、みんながみんな最悪な一日になっていたかというと、そんなことはないんですね。

「電車が止まっていた」という出来事には何の意味もないんです。この出来事を、あなたがどう意味づけするか。そこで、少し先の未来は変わっていくんです。

では、時計の針を戻してみましょう。

今日は大事な会議なのに、電車が止まっている！

ここはひとつ、喉まで出かかった「もー、最悪！」という言葉はぐっと我慢して、「よっしゃあ！」と喜んでみましょう。

そして、**「おおっと！　電車に乗れなかったぞ！　ということは、一体何が起きるんだろう？」とワクワクしてみましょう**。

とは言っても、大事な会議ですから遅れるわけにはいきません。電車が動いていないとすれば、他の手段で会社に向かうしかないですね。

あなたはバス停に向かってみました。ところがバス停は長蛇の列。並んでいたら会議の時間に間に合いそうもありません。

大丈夫、こんなことでくじけていてはいけません。今日という一日の脚本を書くのはあなた！　アクシデントを、ラッキーに変えることができるのはあなただけなのですよ！

次に、タクシー乗り場に行ってみました。

ああ……予想通りというか何というか、こちらもディズニー顔負けの長蛇の列になっています。

「とりあえず、会社に連絡はしておこう」と携帯を取り出したあなたですが、何ということでしょう。昨日充電をし忘れていたので、電池が切れていて使えません。

「うわあ最悪。お母さん助けて」と泣き言を言いたくなる状況ですが、あなたはちゃんと、今日一日を「最悪な日」ではなくて「ワクワクの一日」にすると決めました。

「うっわ最悪……なーんちゃってー！　ここから大逆転が待っていまーす！」と心の中で幸せな予告をしておきましょう。

駅でじっとしていてもしょうがないので、あなたはひとまず会社に向かって歩くことにしました。途中のどこかで、空いているバス停が見つかるかもしれません。

ああああっ！　向こうからタクシーが来ましたよ！　ラッキーなことに「空車」と表示されています！

「はい！　はい！」と勢いよく手を上げたあなた。そんなあなたのすぐ隣で、まったく同じタイミングで手を上げた一人の男性が。

あなたの心には強く「ワクワク」が刻まれていました。そうすればワクワクな出来事が起きるのはラッキーなのではなく必然。男性はあなたの好みにピッタリのイケメンです。

「あらイケメン……！」ときめいたあなたは、とっさに「どちらまで向かわれますか⁉」と口にします。

「ええっ⁉　ああ、えーっと、僕は浜松町まで……」

何ということでしょう。あなたの会社も浜松町にあるのです。

そしてあなたとイケメンはタクシーに相乗り。これも何かの縁と名刺を交換した二人が、会社の帰りに食事をし、恋に落ち、のちに幸せな家庭を築くのもそう遠い未来ではないでしょう。

まあ、電車に乗れなかった日の会議は心の中がイケメンで染まっていて気もそぞろだったかもしれませんが、一日くらいそんな日があってもいいですよね！

「こんなにうまくいくはずないよ」と言いたくなる方も多くいることでしょう。

だけど、こんな素敵な出来事が起きる可能性がゼロではないですよね？

何か1つのアクシデントが起きた時に「最悪」と決めつけてしまうから、そのあとも最悪な展開になってしまう。

それなら、何かアクシデントが起きた時に「最高！」と決めてしまえば、最高の展開になっていくと思いませんか？

あなたが出来事に意味を持たせることで、結果は変わっていきます。

このように、**幸せは思ってもいない方法でやって来ることが多々あります。**

不幸な予告より、幸せな予告をたくさんしてあげてくださいね！

お悩み

採用面接中に急に腹痛が！

モヤモヤ

スイッチ

ああ、世界が私に
何かを知らせようとしている！

その試練は乗り越えられるからやって来た

「どうしてもこの会社に入りたい！」とスーツでビシッとキメて面接にやって来たあなた。ところが緊張からなのか、突然お腹が急降下！

「大丈夫、気のせい気のせい」と乗り切ろうとしたものの、お腹のビッグウェーブはおさまってくれそうにありません。人生最大のピーンチ！

……と言いたくなりますが、実はまったくそんなことはありません。

だって、会社にはちゃんとお手洗いがあるじゃないですか。渋滞50キロでまったく進めない車中で、突然の腹痛がやって来た時の絶望に比べたら、ちゃんちゃらおかしいです。渋滞50キロでお腹に絶望を抱えた人に謝ってください。

世界が、かわいいあなたをいじめるわけがないじゃないですか！　試練だと感じたものも、**それはあなたに乗り越える力があるから与えられたのです**。

ここはひとつ、「お腹が痛いのでお手洗いに行かせてください！」と素直に言いましょう。その正直さを買われて、見事採用に。

あなたの素直さで、トイレも採用通知もゲットしました！　やりましたね！

正直者は馬鹿を見るんじゃなくて、救われるんです。仕事でミスをしたので正直に謝ったら、上司にこっぴどく叱られてしまったけど、同じミスをして素知らぬ顔をしていた同僚はおとがめなしだった。ご近所さんに笑顔で「おはようございます！」と挨拶をしたけど、無視されてしまった。道端に落ちている空き缶を見るたびにゴミ箱に捨てているけど、何もいいことなんてない。やっぱり正直者が救われるなんて嘘だ！……と言いたくなることもあるかもしれませんが、いいえ、そんなことはないんです。

あなたがいいことをした「正直者ポイント」はちゃんと蓄積されていて、**あなたが誰かや世界に与えたものは、いつか何らかの形で必ず返ってきます**。

それは人からの優しさかもしれないし、宝くじ高額当選！　という素敵なプレゼントでどーんと返ってくるかもしれない！　楽しみですね！　……あれ？　少し話がずれたような気もしますが、ちょっぴりいい話をしたので大目にみてください。

とにかく、あなたの素直さとお腹のゆるさが、採用通知ゲットという幸せを呼び寄せたのです。入社した後も社長さんに「あ！　あのトイレの！」と顔を覚えてもらっているので、ゼロからではなくプラスからのスタートです！　新天地での生活も、ウンがつきまくること間違いなしですね！

お悩み

ムカつく上司がいるんだけど！

さあ、甘いものを食べて幸せホルモンを増やすぞ！

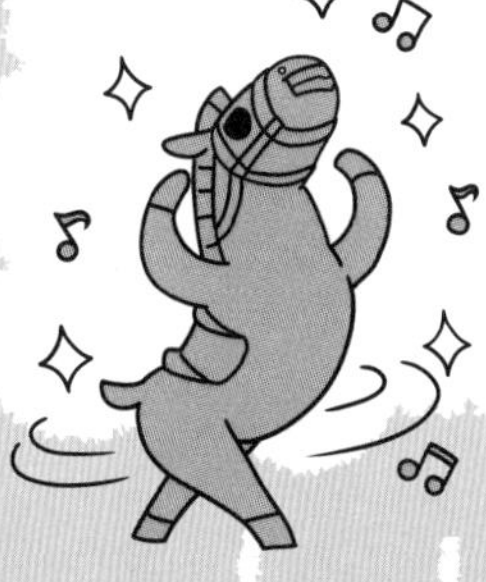

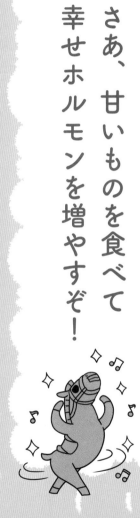

幸せはいつでも自分でつくり出せる

仕事は好きなのに、どうしてもムカつく上司がいる……。なかなかつらい状況ですね！

だけど、心配しないでください。**ムカつく上司なんて、あなたの人生においてたかだかスライム程度の存在**です。

そんなスライム程度の敵に、心を乱されることはありませんよ！

あなたの幸せは、いつだってあなたが選ぶことができるんです。何だかうさんくさいことを言い出しましたが、まあ聞いてください。

上司にイラっとくることを言われた！　↓「キーッ！」

これがとっさの反応ですね。さて、そのあとは、

↓「キーッ！　誰かに話さなきゃやってられない！」と給湯室で愚痴りまくって同

僚の「ほんと！　う◯こ踏んじゃえばいいよね！」という同意を得てスッキリする

こんな行動もまあ、悪くはないんですよ。自分の中にため込んだものを外に出すって、大事な行為ですからね！　う◯こだけに！

だけどあなたが同僚に愚痴ってる間、あなたの頭の中も同僚との空間も、すべて「ムカつく上司」でできあがっています。嫌いなヤツなのに、好きなあの人のことよりもムカつくあいつのことばかり考えている。**それじゃああまりにもあなたの時間がもったいないではないですか**。ここはひとつ、愚痴るのはムカついた時の5回に1回に抑えておきましょう。

あとの4回は、ムカつく代わりに幸せホルモンを十分に増やしておきましょう。

幸せホルモン「セロトニン」は、甘いものを食べると増やすことができます。本当はケーキあたりを食べたいところですが、仕事中はそうもいかないので、いつも甘いアメを持ち歩いておきましょう。

イラッ！　としたらすぐにアメちゃんをパクリ！　それだけでセロトニンは分泌されますが、時々はムカつく上司にも「どうぞ」と渡してみましょう。あなたからの思わぬ差し入れに、上司のツルツル頭もさらに輝きを増すはずです。どんなささやかなものでも、プレゼントには人をなごませるパワーがありますからね！

また、太陽の光を浴びながらウォーキングをするのも、セロトニンを増やすにはいいですね！　外での用事を頼まれた時は嫌な顔をせず、いい返事をして颯爽と歩いてみましょう。会社での信頼も増すし、シェイプアップにもなるし、いいことづくめですね！

さて、こんなふうにせっせとセロトニンを分泌させていると、あらあら。あなたが幸せを感じることが増えるだけじゃなく、**なぜか周りにも幸せムードは伝染する**のです。アメちゃん効果もあり、ムカついて仕方がなかった上司の態度も、徐々に変わってくる可能性もなきにしもあらず。もしもそんなふうに上司との関係がよくなったら、上司がう◯こ踏むよりもずっと嬉しいですよね！

ついイライラするのは人間として当たり前の反応ですが、イライラし続けるか、そっと気持ちを切り替えるか。それはいつだって自分自身が選べます。

ムカつくあいつよりも、好きなあの人のことを考える時間を増やし、自分の心を幸せで満たしてくださいね。

お悩み

職場で悪口を言われている……

スイッチ

「スルースキル」のレベルを上げるチャンス！

「スルースキル」は現代社会を生き抜く必須能力！

放っておきましょう。

悪口や陰口は、言われたあなたの問題じゃなくて、言っているあっちの問題。悪口集団はただのヒマ人たちの集いです。

悪口や陰口を言われたら「私が悪いからだ」「私が嫌われているからだ」と考えがちですが、悪口を言われてまでそんな人たちと仲良くなる必要はないし、**「仲間はずれ上等！」と喜んでおきましょう。**

ここはひとつ、この現代社会を生き抜く上での必須スキル「スルー」を身につけるチャンスだととらえてください。この「スルースキル」を身につけているのといないのとでは、社会を生きていく上でのストレス度がまったく違ってきます。

- 悪口を言われた　↓　あれー!? もしかして私、嫉妬されてる!?
- 自分の意見に大反対された　↓　まあ、いろんな意見の人がいていいよね〜
- あの人、ＳＮＳで自慢ばっかり！

↓　どうでもいい情報など、見なくていいよね〜

●何だか心がモヤモヤする……

↓　心が停滞している時は体を動かそう！　さあ筋トレだ！

こんなふうに、「しんどい場所」に居続けるのはもうやめて、そっと気持ちの居場所を移してみましょう。

悪口を言われようと、批判を受けようと、あなたの価値は何も変わりません。

誰かから言われた言葉であなたが傷ついても、言葉を言った当人はもうすっかり忘れてしまっていたりするのです。言いたいだけの人の言葉を真に受けて、あなたが傷つくことなんてないんですよ！

ただ、いくら嫌な思いをしたからといって、あなたが誰かの悪口を言うのは、ぐっとこらえてくださいね。

子供の頃から妄想癖があり、一人で行動することが多かった学生時代の私も、陰口を言われることは多々ありました。だけど陰口を言われるつらさをわかっていたからこそ、学校や職場で悪口や陰口の類いは言ったことがありません。

えーっと……はい！「ほとんど」言ったことがありません。

自分が出したものは、いつかまた自分が回収することになります。私も「人の悪口」という良くないエネルギーを手当たり次第にまいていたら、今もずっと、陰口や悪口にビクビクしている毎日を送っていたかもしれませんが、幸せなことに、今私はそういった悩みとは無縁の場所にいます。

悪口は言ったもんが負けですよ！

人に嫌われるよりも、人を嫌うほうがよっぽど自分の中の幸せ度が下がっていきます。悪口を言われたほうのあなたは、何ひとつ失っていませんよ。むしろ、言った側は幸せの種を失っていき、言われたあなたは幸せの種を拾っているのです。

つらい思いをした時はそんなふうに思って、サラッと聞き流してくださいね。

お悩み

仕事ができない同僚にイライラする！

モヤ モヤ

スイッチ

「あの子会社に来てる！　えらい！」と心の中でほめちぎっちゃおう

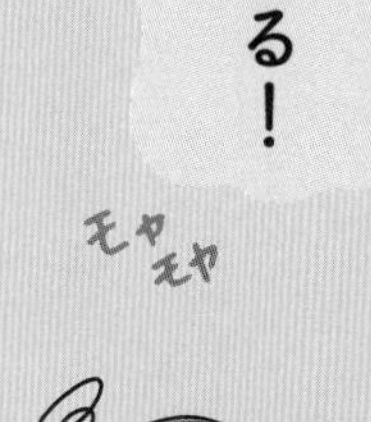

できないことに気をもむより、できることをほめちぎろう

仕事ができすぎる同僚がいても嫉妬してしまうし、だからといって仕事ができなすぎる同僚がいてもストレスがたまる……。まったく、この世には「ちょうどいい」がスッポ抜けることがたびたびありますよね！

今目の前にいる、仕事ができないあの人をどうにかしたい！　どこかに異動するなり、急に覚醒してバリバリ仕事ができるようになるなりしてほしい！　そんなふうに思うことは当然でしょうが、目の前にいるあの人を変えようとするよりも丸ごと「世界」を変えてしまいましょう。

え？　何だか気持ち悪いこと言い出したって？

いいえ、多分気のせいです。気にせず進みましょう。

結局、**世界は自分が思っていることの反映**なんです。

「世界って私に優しい！」と思っていれば、その通りに優しい世界になっていく。「世界は私に冷たい」と思っていれば、その通りに冷たい世界になってしまうんです。「私は魅力的」と思っていれば、周りからほめられることも増えてきます。

そして、これは他人に対しても当てはまります。

「男ってどうしようもないわね」「男って浮気するもんだから」なんて思っている人。本当にその通りに、どうしようもない男性や浮気性の男性に出会ってきてはいませんか？

どうしようもない男性や浮気性の男性が多いのではなく、自分がそう思っているから、その通りの男性が寄ってきているだけのことなのです。**男性への悪口は「ダメな男性ホイホイ」ですよ！**　言葉通りにダメな男性をうじゃうじゃ引き寄せてしまいますから、素敵な男性を呼び寄せたければ「男性って運転が上手よね！」「男性って力持ちよね！」と、何でもいいので男性の素敵な部分をほめちぎっておきましょう。

さて、これは子育てでもまったく同じです。

「この子はものすごい可能性を秘めている」と我が子を見つめていると、「ええっ⁉︎この子、実は宇宙からやって来たスーパーマン⁉︎」と驚くような成長を見せてくれることがあります。

「ほめてほめてほめまくる」という教育方針で、「できる、できる！」「うわあ！　上手にできたねー！」「天才！」という言葉を連呼しながら娘を育ててきた私ですが（幼い頃は文字を書くたび、ハサミを使うたびにほめちぎっていました）、同時に超心配性でもあるのです。娘が小学1年生の時に、市のファミリーマラソンに夫と出場することになったのですが、走る距離は4キロ。私自身、400メートル走れば酸欠になるほどの運動音痴なので、「6歳の子に4キロも走れるわけがない」と決めつけてしまい、「無理しないで、途中で歩いて」と夫に何度も言ってしまいました。

ところが、娘の潜在意識には赤ちゃんの頃からうるさいほどに言われてきた「できる」「できた」という言葉がインプットされていたのでしょう。途中で一度も休憩することなく、4キロという距離を最後まで走りきることができたのです。

いや〜、マラソン出場前に「どうせできないから（走れないから）」と言ってやめさせ、可能性の芽を摘まなくてよかったー！

親だからといって、子供に「興味があること、やってみたいことをやらせない権利」なんてあるはずがないのです。もちろん危険なことはやらせない、危険そうなことは見守りながらやらせることが大事ですが、たいていのことはチャレンジさせてあげましょう。また、最初から上手にできなくても、何度も繰り返すことで必ず「できる」になっていきます。

歩き始める時だって何度も転んで泣いたし、スプーンの使い始めだって何度もボロボロこぼしていたけど、今はしっかり歩けるし、スプーンも上手に使えますよね！「この子はものすごいパワーを持っている」という目で見つめていると、今まで以上に子供が秘めている可能性のかたまりに気づかされ、驚きっぱなしですよ！

……あれ？　これって「家族」の項目じゃなくて「仕事」の項目でしたっけ？

いえ、「子育て」も「同僚育て」も同じなんです。あなたがその同僚を「できないヤツ」と見ているから、ますます「できないヤツ」に育っているんです。こうなったら、相手の「できる」部分をたくさん見つけていきましょう。

まず１つ、ちゃんと会社に来ている！　おおお！　なんと、相手はきちんと出社できていますよ！

そして、コピーを取れる！　文章の入力は凄まじく遅いけど、コピペはできる！自販機でコーヒーを買ってくることもできるー‼

あほくさいと思いながらでもいいんです。

棒読みで、「えらいー（棒）」「すごいー（棒）」「できてるー（棒）」と心の中で繰り返してみましょう。イライラが吹っ飛んで、あほみたいに笑えてきますから。

そうなったらしめたもの。

「笑い」はまた「笑えるような出来事」「嬉しくなるような出来事」を連れてきてくれます。

できないアイツが覚醒するのか、はたまたどこか遠くに行ってくれるのかはわかりませんが、できないアイツのことでイライラするのはもうなくなることでしょう。

ちなみに、棒読みでもいいので**誰かのことをほめていたら、その言葉は自分にもしっかり返ってきます。**

あなた自身も「できるキャラ」にレベルアップすること間違いなしですよ！

お悩み

私がいるべき場所は、ここじゃない！

モヤモヤ

モヤモヤ

スイッチ

夢は大きくてOK！

目の前にある仕事を大事にできない人間に、大きな仕事はやって来ない

頭の中の私はバリバリと働き、頼れる上司と信頼できる部下がいて、毎日がキラキラと輝いているの……！　仕事ができる女性ってステキよね！

……と妄想してみるものの、現実は……？　何だかしょっぼいんですけど。薄汚れた事務所に、頼りない上司。キラキラ輝いているものといえば部長の頭だけ。

そんな毎日に物足りなさを感じている方。それでも、今の毎日を選んだのは、間違いなくあなた自身なんです。

その会社に入ったのも、自分で履歴書を書いて応募したから。そうじゃなくて誰かに紹介されたのだとしても、「ここで働く」と最終的に決めたのは自分自身ですよね。

会社に入ってみて**「何かが違う」と感じたら、それはさらに自分がステップアップするチャンス**なんです。

これを「仕事」ではなくて「家」を例にしてお話しします。

私が最初に一人暮らしをしたのは、学生が多く住むワンルームのアパートでした。隣の住人の声がはっきり聞こえるほど壁は薄く、周りにはスーパーやコンビニもない、

不便な場所。ですが、この場所を最終的に選んだのは自分です。頭の中では「もっと静かなところに住めるといいな」「近くにコンビニでもあると、もっといいな」と感じつつ、壁がうっすくても、上の階の住人の足音がドカドカ聞こえても、憧れであった一人暮らしをできていることにそこそこ満足していました。

そうするうちに、壁がうっすいそのアパートに住んで1年後、早くも引っ越しのチャンスがやって来ました。次に入ったマンションはオートロック付き、隣の住人の声はたまには聞こえるものの、気にはならない程度。近くにスーパーもコンビニもあり、ほぼ不自由のない場所でした。だけど、部屋の間取りは1K。まあ、一人で住んでいたのでまったく気にはならず、一人暮らし生活を満喫していました。

そのうち、私は妄想力を駆使して出会った恋人と一緒に暮らすことになり、移り住んだのが2DKのアパート。日当たりが悪いことが少し気にはなっていたものの、2人で住むには十分の広さだったし、同じアパートの住人も優しい人ばかりだったので、楽しく暮らしていました。そして、お付き合いしていた彼と結婚し、娘が生まれます。「3人で暮らすには少し部屋が足りないかな」と感じ始めた頃、またもや引っ越しの話が湧いてきます。

引っ越し先のマンションは3LDK。冬も暖かく、隣近所の声はまったく聞こえないし、日当たりも良好。ご近所さんも、同じマンションのお母さんたちもいい人ばかり。こうしてワンルームの壁がうっすいアパートから始まった私の一人暮らし生活は、その時々の状況に満足しながらもさらに「こうなったらいいなあ」と願ったことで、部屋数ばかりか家族も増えてくれたのです。

今、私は自宅の部屋で仕事をするようになり、「もう少し広い家に住んで、大きな本棚がある仕事部屋にしたい！」という願いが生まれているので、また近いうちに引っ越しが叶うかもしれませんね！

さて、いつものことながらまた大きく話が脱線してしまいましたが、やっぱり「仕事」も「家」も同じなんです。今気に入らないことにばかり意識を向け続けていると、何も状況は変わりません。**今いる場所は自分が選んだ場所なんだ！** と自分の決断に自信を持ちながら、今の環境の中のいいところに意識の方向を変えていきましょう。

「頼りない上司だけど、有休を取ってもグチグチ言わない」

「備品は古いけど、レトロと思えば悪くないかも！」

「駅から遠くて不便だけど、毎日いいウォーキングになってるわ！」ね！　**いいところは必ずあるはずなんです**。

「こうありたい」と願う自分の未来の姿を大事に思い描きながら、今自分にできる目の前のことを一生懸命やっていきましょう。

目の前の仕事をないがしろにする人に、もっと大きな仕事なんてできるわけがないんです。

今自分に与えられたものと向き合って、丁寧にこなしていくことで、思い描いている未来の自分の姿に近づいていけますよ！

お悩み

仕事を辞めたい……

スイッチ

新しい「冒険の書」を開く時だ！

人生なんてRPG！

人生もRPGです。さあ、どんどん冒険に出てみましょう！
日本では何となく、何度も転職をしていると「あの人は忍耐力が足りないんじゃないか」なんてダメ人間扱いされることもありますが、転職することでいろいろな世界を体験していると言うこともできます。

これをゲームの「ドラゴンクエスト」シリーズにたとえてみましょう。はじめは「戦士」から始まり、経験を積んでレベルアップしていきますが、転職して「盗賊」になると、またレベル1からになります。が、「戦士」の時にレベルを上げて身につけた「守備力」は引き継がれています。また「盗賊」でレベルを上げて身につけた「素早さ」は、他の職業に転職してもスキルとしてしっかり残っています。ここでまた「僧侶」に転職するとレベルは1からになるものの、今までの経験から得た「守備力」も「素早さ」もしっかりと自分のものになっているのです！　**職種が変わっても、スキルはしっかりと残っている！**　ドラクエも現実社会も、やはり同じなのですね！

さて、では転職をしないとバリバリと活躍する主人公になれないのかというと、そんなことはありません。勇者になることが幸せなキャラもいれば、町娘でいることが幸せなキャラもいます。ずーっと神父さんのキャラもいるし、生まれた時から王さまになることが決まっているキャラだっています。どれが幸せでどれが不幸かではなく、きっと主人公には主人公なりの幸せと悩みがあり（例：幸せ↓みんなが僕を勇者扱いしてくれるぞ！　頑張ってきてよかったなあ！　悩み↓一体何匹メタルスライムを倒せばいいんだろう……）、町娘にも町娘なりの幸せと悩みがあるのでしょう（例：幸せ↓うふふ！　昨日勇者に「その服、君に似合ってるね」ってほめられちゃったわ！　悩み↓同じセリフを何回言えばいいのかしら……）。

人にはそれぞれの役割があり、天職があります。華やかな場にいることが天職の人もいれば、家族をサポートすることが天職の人もいます。「転職したい」と感じたなら、自分の心のワクワクに従って、動いてみてください！

レベル1からになっても、あなたが今まで培ってきたスキルや経験はしっかりと継承されています。

勇者になるか、スーパースターになるか、遊び人になるか……あなたの将来が楽しみですね！

お悩み

仕事をクビになった……

モヤモヤ

モヤモヤ

スイッチ

時間も選択肢も

たっぷりある！

最高！

青天の霹靂は、あなた次第で最悪にも最高にもなる

ニコニコご機嫌で歩いていたのに、突然雨が降ってきてビショビショになってしまう。

スキップでご機嫌に飛びはねていたのに、突然大きな石につまずいて転んでしまう。

私も、起きている時間の中の8割は幸せな妄想をしてニヤニヤしていますが、思ってもいないような出来事に出くわすことはあります。突然大きな出費が必要になったり、予定していた旅行ができなくなったり、水道管が破裂して水があふれ出してきたり。

「突然仕事をクビになった」という出来事も、毎日一生懸命頑張っていたあなたにとっては、予想だにしなかったアクシデントですよね。

だけど、「ああもう最悪！」と決めつけるのはちょっとお待ちください。「この出来事は最悪」だと自分で決めつけてしまえば、その通りに最悪な出来事になってしまいます。**ここはとりあえず、開き直りましょう。**

考えてもみてください。

今まで毎日、満員電車に揺られて会社に向かっていました。面白くもない上司のギ

ャグに愛想笑いをしていました。どんなにいい天気の日も、オフィスに向かっていました。あなたはもうそんな日々から、オサラバできるのですよ！　やったじゃないですか！

これからしばらくは、妄想も瞑想もし放題です。みんなが働いている時間に、映画にだって、カフェにだって、スポーツジムにだって行くことができます。

ほら！　少しは楽しい気分になってきたでしょう⁉

「突然のアクシデント」は、見方を変えれば「最悪な出来事」ではなかったりもします。

突然雨が降ってきてビショビショになってしまっても、雨宿りした軒下で出会った人が運命の人かもしれない。突然大きな石で転んでしまっても、その転びっぷりに惚れたアクション映画監督にスカウトされるかもしれない。私が体験した突然の大きな出費だって、「この後にこの何倍もの収入が得られる！」と思っていたらその通りになったし、旅行はまた別の機会にさらに人数を増やして行けるようになったし、水道管破裂事件は「お水をいつでも使えるって幸せなことだよね！」ということを教えてくれた「最高の」出来事だったりしたのです。

もしかしたら、突然のクビというアクシデントも「仕事ができるって幸せなことなんだよ」というお知らせだったのかもしれないし、「もっと自由になっていいよ！」というお知らせなのかもしれません。

さあ、これからどんな道を選びましょうか。

あなたには時間も選択肢も山ほどあります。自分が何をやりたいのかじっくり考えることができるし、**「自分にできる」仕事じゃなく「自分がやりたい」仕事を選ぶチャンスでもありますね！**

ん？　自由な時間が増えたのはいいけど、お金がないって？

大丈夫、大丈夫！

「ヤバい」と思っていればヤバい展開になっていきますが、**「大丈夫」と思っていれば大丈夫な展開になっていきます**。

自分がこの先どんな道を進むかが決まるまでは、アルバイトをするもよし、誰かの仕事の手伝いをするのもよし。幸せな選択肢はたくさんあるので、どんな方法になるかはわかりませんが、「大丈夫」「最高」を選んでいればその通りの道に進むことは間違いないですからね！

お悩み

夢を叶えたいけど、
何も進展していない……

ある日突然、光が差して
世界は変わる！

進むのをやめなければ、見えないところで世界が動く

「何にも進展していない」って、一体何を見て言ってるんですか！

あなたは、モグラなんです。願いが叶うその時を夢見て、一生懸命穴を掘っています。ここで、あと少し！　あと少し穴を掘れば宝に到達できる！　ってところまで来ているのに、目の前で「ああ、やっぱり宝なんてない」とあきらめて掘ることをやめてしまうモグラや、「やっぱりこっちじゃないかも」と道を引き返してしまうモグラもいます。

１０００回掘れば必ず宝に到達できる、とわかっていれば、人はみんな頑張って１０００回掘るんです。だけど何回掘れば宝に到達できるかなんてわからないし、見えないから、９９９回まで掘っても「こんなことしても何も意味がない」とそこであきらめてしまったりする。

掘っている途中で、どうしてもどかせない硬い石があったら、道を変えることも必要かもしれません。スコップじゃなく、違う道具を使うことを求められるかもしれません。こんなふうに、**何かの邪魔に出合ってしまったら「ちょっと違う方法で進んで**

ごらん」というお知らせですが、何の邪魔もないのに進むのをやめてしまっては、叶うものも叶いませんから。

あと一歩進んでもうひと掘りして、**次に掘った1回で宝に到達できるかもしれません。**

今まで真っ暗闇で何の変化もなかったのに、突然光が差して世界が変わる。こんなことは、現実にだって起きるんです。

宝に到達できるかは、自分の夢を信じられるかどうかにかかっています。

目に見える世界に変化はなくても、目に見えないところでちゃんと世界は動いています。

ただ、進みましょう。

自分を信じて、進み続けましょう。

あなただけの宝物を手に入れるまで、きっとあと少しですから。

第4章

恋愛運が
壊滅的！

お悩み

素敵な出会いがまったくない……

モヤ
モヤ

スイッチ

今日、
電車で隣に座ったイケメンに
こっそりときめかれちゃうかも！

「現実」は「自分の思い込み」の映し鏡

ええええっ!?　ちょっと待ってください！

「出会いがない」というのは、ただの**「思い込み」**です。

生きている限り、出会いがないなんてことはありえないんです。

「いや、そりゃあ多くの人とは出会ってるけど、素敵な人との出会いがまったくないんだけど」とおっしゃる、そこのあなた。

ほらほらほら、また言っちゃった！　「素敵な人との出会いがまったくない」と簡単に口に出してしまうそのクセが、「素敵な出会いがない」現実をつくり続けてしまっているのですよ。「現実」は「自分の思い込み」の映し鏡です。今この瞬間から、自分の思い込みをクルッと変えていきましょう。

さあ、**家を出た瞬間から「素敵な出会いパラダイス」**です。駅のホームに立っているあの人も、コンビニでよく見かけるスーツが似合うあの人も、スーパーで品出しをしている店員さんも、運命の人である「可能性」はありますよね？

電車でつり革を持とうとしたら、隣にいた男性も同じタイミングでつり革に手をやり、「あっ……」「あっ……すみません（うわあ、かわいい人♡）」なんて感じで恋が始まるかもしれないし、一人で遊園地に行ってジェットコースターに乗ったら隣の人もシングルライダーで、落下の瞬間に手が触れ合ってしまい「あっ」「あっ」「こんにちはああああああ‼（落下）」ってな感じで恋が始まる可能性だって大アリなんです。ジェットコースターで味わえるスリルのドキドキ感が、あっという間に恋のドキドキ感に変わってしまいましたね！

「ない」を見ていたら、「ない」が続いていきます。宅配業者のあのお兄さんも、家の近くの自販機で偶然一緒になったあの人も、ベンチで隣に座った男性も、すべて出会いの1つ。

それならば、いつも「きれいなあなた」で出かけましょう。

何も、常にフルメイクで、ドレスを着ておめかししろと言っているわけではありません。髪をきれいにとかし、唇にはいつも微笑みをたたえ、指先はいつもツヤツヤであるようにクリームでたっぷり保湿！　そんなあなたに、誰もが夢中になるのです。

いいですか？　**「現実」は「自分の思い込み」の映し鏡なんです。**

素敵な出会いはいつでもどこにでもあります。

あなたが「出会いなんてない」とシャットアウトしていただけで、本当はあなたとお近づきになりたい男性はたくさんいるんですから！

女性は、好きな服を着て楽しそうに歩いているだけで皆プリンセス。そんなあなたを王子さまが放っておくわけがありません。

「出会い」も「幸せ」も「ない」に意識を向けるか、「ある」に意識を向けるかの違いだけなんです。

毎日の食事だって、「幸せ」と思えばご飯を食べるたびに幸せを感じることができます。でも、「お腹が空くからただ食べてるだけ」と食事を「作業」ととらえてしまえば、幸せでも何でもなくなってしまいますね。

いつも、どちらに意識を向けるか。自分はどちらを望んでいるのか。

素敵な出会いがあるか、ないか。

選択肢はいつも「望むほう」を選び、そちらの扉を開けてみる。

それだけで現実は変わっていくんです！

お悩み

運命の人はどこにいるの？

モヤモヤ

モヤモヤ

スイッチ

心と部屋の準備が整えば
自然と現れる！

運命は「決められた」ものではなく「育て上げる」もの

ついに出会った運命の人。「こんなに人を好きになったのは初めて！　きっと彼が運命の人よね⁉」と感じたあなた。

はい、恋とはそういうものです。何度恋をしても、「こんなに人を好きになったのは初めて」と言っちゃうものなんです。

ここで少し、私の話をさせてください。

私と夫は、結婚して15年になります。後になって夫に「私と初めて会った時、ビビッと感じた？」と聞いてみたら「いや、別に何の印象も残ってない」の一言。

やっぱり――――⁉　中学時代のあだ名が「ハニワ」で、見た目も性格も趣味もすべて地味な私ですから、印象に残るはずもないのです。

ですが、何の印象も残っていなかったはずの私と夫は、その後ごく普通の恋人同士になり、また年月を重ね、今は家族になって毎日一緒に過ごしています。

これを「運命」と呼んでいいのかどうかはわかりませんが、運命はきっと「決められた」ものではなくて自分たちで「育て上げる」ものです。

交際している間に一度別れたり、何度もケンカをしたり、そんな危機があったとしても、「やっぱりこの人と一緒に生きていきたい」という強〜い思いが赤い糸を紡ぎ出してくれるのです。

そうは言っても、あなたにはあなたの人生があり、彼には彼の人生があります。一緒に過ごしている間にちょっとしたすれ違いや、うまくいかない時期だってあるでしょう。

そんな時も、あの人との赤い糸をつなげるか切るかはあなた次第！

「彼は運命の人じゃなかったのかな」なんて心配しているヒマがあったら、自分の手で赤い糸をロープにしちゃいましょう。糸が透明だったら、赤いペンキで塗りたくっちゃいましょう。

「彼はどう思ってるの」とお相手の気持ちを気にするよりも、大切な人との幸せな未来を見つめ、信じる強さを持つことで、運命は動き出すのです。

まだ「運命の人と出会っていない」という、そこのあなた！

「いつか運命の人と出会うの♡」

「いつか運命の人と結婚して幸せな私になるの♡」

と言いながらも「運命の人と出会っていない今」を見つめ続けていたら、「運命の人と出会ういつか」はやって来ません。**「いつか」を待っているだけでは「運命の人を待ち続ける日々」が続いていくだけなんです。**

そんな中途半端な夢見る夢子じゃなく、どうせ見るなら本気で夢を見ましょう。

運命の人と出会って、愛されまくって幸せな自分を常に思い描きながら、毎日を過ごしてみるんです。

帰るのが誰もいない部屋でも、「もうすぐ運命の人と出会えるの♡」と夢見ながらお花を買って飾るんです。今はまだ一人で眠っているベッドでも、隣に素敵な人がいるかのようにそれはそれはかわいいパジャマを着て寝るんです。

はい、あほみたいでしょう。

いいんです、**どんどんあほになりましょう。**

あほになった人ほど、あほみたいに願いを叶えていきます。

今、もうここに運命の人がいるかのように心と部屋の準備をする。

あなたの心と部屋が受け入れ態勢になった時、きっと運命の人は現れますよ！

お悩み

出会いの場に行っても
私はいつも脇役……

「私の人生」という物語の主役は
いつだって私！

目立つ人にも目立たない人にも、見てくれている人がいる

今日は婚活パーティー！　きっと素敵な男性がたくさん来ているわ！

……とウキウキ気分で出かけてみても、視線を一人占めするのはスタイルがいいきれいな人や、おしゃべりが上手な人ばかり。

そうなんです。どうしても人が集まると、「目立つ人」と「目立たない人」に分かれてしまいますね。

ですが私も正真正銘の「目立たない人」の一員として、言わせてもらいますよ！

決して、目立つから幸せ、目立たないから不幸、ではありません。

目立たなくて何が悪い。壁の花で何が悪い。壁の花には壁の花なりの魅力と幸せが、ちゃんとあるんです。

アイドルだって、センターにいる子は当然キラキラと光り輝いていますが、３列目のいちばん端っこにいる子だって魅力いっぱいです。「３列目のいちばん端のあの子がいちばん好きだ！」というファンだって、たくさんいるんです。

みんながみんなヒマワリやバラを好きなわけではなく、かすみ草やタンポポを好き

な人だっていますよね。

目立っていないとしても、料理をおいしそうに食べて優しく微笑むあなたの姿に胸をときめかせている男性は、必ずいます。


自分の物語の主人公になれるのは、いつだって自分だけです。

某アニメ『ドラ◯もん』の登場キャラクターを見てみましょう。

メガネをかけた、勉強も運動も苦手でいつも怠けることばかり考えている男の子。だけど、未来から来た猫型ロボットの力を借り、失敗を繰り返しながら成長していき、ここぞという時には優しさと勇気を発揮していいとこ取り！

……これが、いつも見ているお馴染みの『ドラ◯もん』ですね。

では、髪を2つに結んだ女の子を主人公にしてみましょう。

「私はお風呂が大好きでおしゃれな女の子☆　勉強もピアノも得意だし、やんちゃな男の子たちとも仲良くやっていけてるし、小学生生活を楽しんでまーす♪　でも、いつもちょっぴりダメダメなあの人が気になるのはなぜかしら……」

髪を2つに結んだ女の子にとって、メガネの男の子はあくまで脇役。猫型ロボットはさらに脇役の立場になります。

それでは続いて、お金持ちキャラのお母さんを主人公にしてみましょう。

「今日はおフランスから取り寄せたトリュフを使ってお料理を作るざます！　そうそう、今度の週末はうちの別荘がある四丈半島《よじょうはんじま》に行くから、しっかりシェイプアップもしなきゃざます！　おほほほほ！　それにしてもうちの息子は出来がよくて自慢ざます〜！」

あらあら、これだと高級志向で教育熱心なマダムのお話になりました。

1つの話に出てくる登場人物はたくさんいます。脇役の家族や、脇役の家族のそのまた友達にまで視野を広げていけば、数え切れないほどのキャラクターが存在していますね。

そして、一人ひとりに目を向けていけば、どのキャラクターでもしっかりとしたストーリーもドラマも作れるのです。

今生きているこの現実だって同じ。

自分の物語の主人公は自分だけです。

あのきれいな人も、お金持ちのあの人も、エラそうな会社の上司も、あなたの物語の中ではただの脇役です。

あなたが「あなた」として生まれてきたのには、必ず意味があるのです。

インパクトを残すために誰かの真似をしようとするよりも、自分らしさで勝負ですよ！

出会いの場は決して「ゴール」ではなく「スタート」にすぎません。

出会いの場の後に、どんなストーリーが待っているのか。その続きをつくり出せるのも、あなただけなのです。

お悩み

好きになった人が既婚者だった……

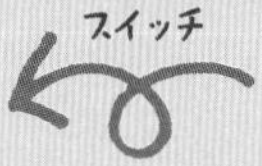

「素敵だ」と思えた人に
出会えたことだけは悪くない！

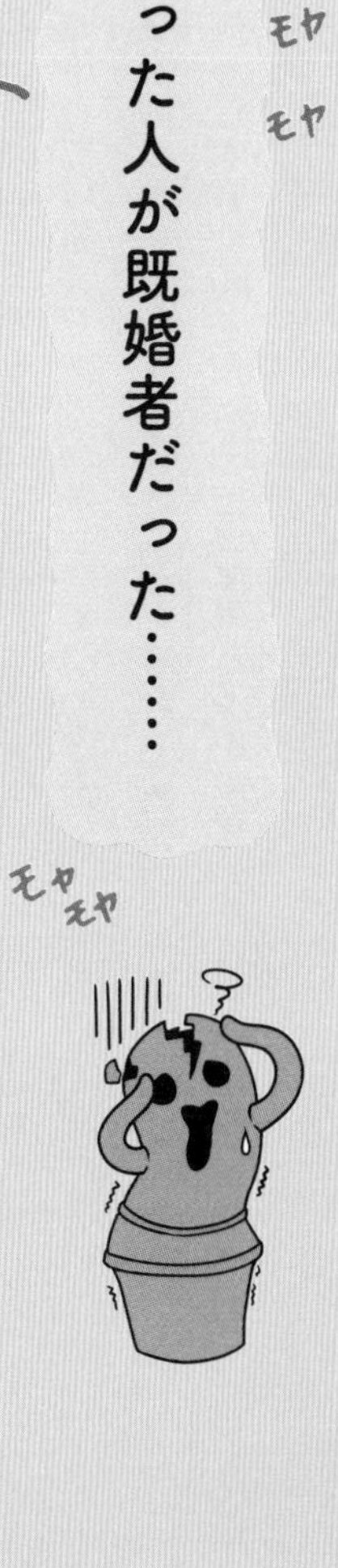

まず大事にすべきは「好きになった」という気持ち

「結婚している人を好きになってしまうなんて、いけないことだ」

「結婚している人を好きになった私は、悪いヤツだ」

まずはそんなふうに思ってしまうかもしれませんが、よーく考えてみてください。

それって本当に、本当にそんなに悪いことですか？

芸能人の誰それが不倫しただのどうだのと、メディアや世間はまるで親の仇《かたき》のようにその人物を集中攻撃する風潮があるので、私たちの頭には「不倫は悪いこと」とインプットされすぎているのかもしれません。

いえいえ、かといって「不倫は素晴らしい！　どんどんしましょう！」などとすすめたいわけではありませんよ！


お相手が結婚している人であったとしても、「素敵だな」と思い、好意を持つ。

それは、誰かのことを憎むよりも、ずっとずっと素敵なことなんですよ！

「この恋を何としてでも叶えたい」「彼を奥さんから奪いたい」そんなふうに思うん

じゃなくて、まずいちばん最初に大事にすべきなのは「好き」の思いです。「誰々を好きになった」という出来事が起きた時、「誰々」という部分に意識を向けるのではなくて、**「好きになった」**、そこに全意識を集中してみてほしいのです。

どのような恋の形であっても、まずは自分の気持ちを大事にする。自分で自分のことを否定していたら、世界からも否定される現実がやって来てしまいます。**自分や、今の現実を責めるよりも先に、「素敵な人に出会えたよね」と自分の気持ちを受け入れてあげてくださいね。**

また、すでに結婚している人と関係が始まっているという場合。

「愛」のゴールは決して「結婚」という形ではありませんが、「結婚」というゴールが先に見えないとしても、ただ、その人のことが好きで、一緒に帰る家が別でも、一緒に外を歩くことができなくても、ただその人が生きていてくれるだけで幸せ。

そんなふうに心から思えるなら、そういった形の愛も、きっとあるのだと思います。

だけど、既婚者の彼との関係に、つらさだけが残ってしまう時。

彼の都合のいい時に呼び出され、ほんの少しだけ一緒の時間を過ごす。彼に呼び出されたその時は嬉しいかもしれないけど、それを受け入れ続けていると、「私は二番目でいい女性なんです！」と自分と世界に言っているのと同じことになるんです。「世界」に対しても、「私は二番目の存在でいいんですよ〜」と発信してしまっていることになります。

既婚者や彼女がいる人を好きになった時、「いちばんじゃなくていいから、彼に必要とされる存在になりたい」と思うこともあるかもしれません。

だけど、本当に？

「二番目でいい」なんて、自分の心に嘘をついてはいませんか？

いちばん先に目を向けるべきなのは、「彼がどうした」でもなく「今の現実がこうだから」でもなく、自分の本当の気持ちです。

自分はどうありたいのか、どんな恋をしたいのか、自分は本当に幸せなのか。

「これが本当に、私の幸せ」と思えるのか、自分の本当の気持ちを見て見ぬふりをして、幸せなふりをしているのか。

どんな形の恋であれ、自分が心の底から幸せを感じていれば、また幸せを引き寄せます。

「この恋が叶うなんて信じられない」「この不倫の恋が成就するわけない」と、頭は今まで自分が見聞きしたデータから、自動的にそんな結論を出そうとするかもしれませんが、今自分が幸せであれば、ちゃんと幸せというゴールまで導いてくれるんです。

人は皆、誰も傷つけることなく、自分の望む現実を創り出すパワーを持っています。「そんな都合がいいことあるわけない」ととっさに思われた方。そんな思考も、ただ「過去のデータ」が創り出したものにすぎません。

人の幸せは、その人にしかわかりません。「こうなったらあの人は不幸になる」と決めつける必要もありません。

答えは1つだけではありません。一般常識や過去のデータなんて、何のアテにもならないんです。

彼の環境や世間体など、いろいろなことを考えすぎて、勝手に「難しいこと」と設定する必要はありませんよ。ややこしいことは飛び越えて、ただ**「どうなるかなんてわからないけど、私は幸せになる」と心に決めていてくださいね。**

お悩み

好きな彼が転勤に……
もう会えなくなっちゃう!?

モヤ モヤ

モヤ モヤ

スイッチ

むしろ彼と
急接近できる大チャンス!

どんなピンチも、あなたの選択次第でチャンスに変えられる

起きた出来事はすべて「中立」です。

「好きな人が遠くに行ってしまうなんて最悪！　もうどうしたらいいかわからない！」とパニックになってしまう前に、やれることはたくさんあるはず。むしろ、**ピンチをチャンスにしてしまいましょう**。

彼の転勤が決まったことで今までと違うのは、「もう後がない」ということ。タイムリミットが迫っているなんて海外ドラマ『24－TWENTY FOUR－』の中だけで十分ですが、ここはひとつ、恋のパワーに変えてしまいましょう。

まず、今まで彼と会話がほとんどなかったという場合。

これは大チャンスですよ！

彼の転勤が決まってしまった以上、もたもたしている時間はありません。「転勤」という話題をきっかけに、堂々と彼に話しかけることができますね！「転勤されると聞きました……。寂しくなります」とさりげなく寂しさをアピールすることで、彼

もドキーン！　とすること間違いなし！　だって、転勤する彼自身だって慣れ親しんだ場所から離れるのは寂しいに決まっているんですから。

続いて、転勤前に「彼の送別会」という一大イベントも待ち構えていますので、彼と親しくなるチャンスは盛りだくさん！　彼にそっと自分の連絡先を書いたメモを渡すぐらいのことは、しておきましょうね！

興奮気味にお話ししてきましたが、「彼がもう遠くに行ってしまったけど、何もできなかった」というあなた。そんな時も大丈夫。**「もう終わった」と思うか「まだチャンスはある」と思うかは自分次第なんですから。**

彼の連絡先を知っている場合は彼に連絡してみましょう。連絡先を知らない場合も、同じ職場に知っている人がいるかもしれません。無理に探し出そうとしなくても、「彼にもう1回会えたらいいな。連絡が取れたらいいな」と望む未来に意識を向けるだけで、ちゃんとそのチャンスは訪れます。

彼にメールを送る時も、「あなたに会いたい！　どうしても会いたいんですけど！」と自分の気持ちを前面に出しすぎるよりも（いきなり言われても彼はびっくりするでしょうから！）、「あなたが今住んでいる場所の近くの○○に行ってみたくて」と、観光地や名所巡りを目的にしてみたり、「そこの近くに友達（または親戚）がいるから、今度会いに行くんだ」と架空の友達や親戚に大活躍してもらったりしましょう。

あくまで「メインは別にあるんだけど、でもあなたにも会いたいな」という体《てい》でいく。そうして、少しずつ彼との距離を縮めていきましょう。あなたは好きな彼にも会えるし、少し離れた土地の観光名所に行くこともできるし、まさに一石二鳥！

今まで通り彼と会社の同僚のままだったらとれなかったであろう行動ばかりですが、彼が少し遠くに行ったことで、できるようになることがたくさんありますね！

ピンチをピンチのままで許すのか、ピンチをチャンスに変えるのか。

それはいつだって自分で選択することができるのです。

お悩み

付き合っている彼から
LINEメッセージが来ない!

モヤ
モヤ

スイッチ

スマホの電池が減らなくて
充電知らず!
電気代も節約できる!

「なりたい未来」を妄想しよう

今や恋には必須アイテムであるスマホですが、あなたと彼はそんなもの必要ないほどがっちり心でつながっているのですね！　なんて素晴らしい！

酷使することがないから、頻繁に充電する必要もなく、スマホは一度買ったものを長〜く使える。電気代も節約できるし、地球にもお財布にも優しいですね！

まあ、ちょっと考えてみてください。

気になる相手だったら、しょっちゅうＬＩＮＥをくれるはず。好きだったら、しょっちゅう電話で話すはず。確かに、そうかもしれない。男性だってどんなに忙しくても、スマホの画面の向こうに好きな女性がいたら、すぐに返事をするかもしれない。でも、そんな固定観念よりも、すぐそばにいる彼のことを信じてみませんか？

彼には彼の生活があり、人生があります。彼からのＬＩＮＥの頻度だけに振り回されていたら、それこそもったいないですよ！

彼からＬＩＮＥが来ないとしても、彼は今あなたとの旅行のために、一生懸命バイトをしてくれているのかもしれない。もしくは、彼は今、あなたをもっと夢中にさせるためにジムで一生懸命体を鍛えているのかもしれない。やっと来た返事が「了解」だけだったとしても、彼は今トム・クルーズばりの『ミッション：インポッシブル』に挑んでいる最中だったのかもしれない。そんな中、やっとの思いでくれた返事だったのですよ！　彼には感謝の思いしか湧いてこないですよね！

え？　彼がＳＮＳで、友達と飲みに行っている写真をアップしてた？　それがどうしたんですか！　彼だって、彼自身を幸せにするために生きています。彼にとっては、あなたと一緒に過ごす時間も幸せ、友達と一緒に過ごす時間も幸せなんです。

それならば**あなたの時間も、自分を幸せにするために使いましょう**。

「彼が連絡をくれない」「全然会ってくれない」「浮気してるのかもしれない」そんな不安なことばかりを考えるのはやめて、彼が以前くれたＬＩＮＥスタンプに「うふふ」と微笑み、彼の笑顔を思い出して胸をときめかせましょう。

それでも、やっぱり寂しい。彼と頻繁にＬＩＮＥのやりとりをしたいのに……という方。それならば、「彼はＬＩＮＥを送らない人」という思い込みを取っ払い、「なんでＬＩＮＥの1つも送れないのよ！」という心に潜んでいる怒りもどこかにやってしまい、ただ彼と楽しくLINEをやりとりしている場面を妄想してみましょう。

彼が面白いスタンプを送ってきて、思わず笑ってしまうあなた。彼が優しい言葉を送ってくれて、心がじわっとあたたかくなるあなた。彼が甘い言葉を送ってきたから、「嬉しい」という気持ちと一緒にドキドキしているあなた。

あなたが欲しいのがこういうシーンなのだとしたら、妄想の中でぐらい、それを叶えてあげてください。そうすることによって、今の現実の彼が変わるかどうかはわかりません。だけど、**あなたが妄想の中で感じた「嬉しい」「楽しい」「ホッとする」という感情は、何らかの形で必ず現実のものになります**。

LINEを頻繁にくれなくても、突然のサプライズで花束を抱えて会いに来てくれるかもしれない。

メールはくれないけど、一緒にいる時にあり余るほどの愛情を伝えてくれるかもしれない。

今の彼を無理矢理に変えようとはしないで、こんなふうに「こうなったらいいな」と思う未来を頭に描いて、幸せを感じてみてください。

その幸せは、きっと何らかの形で現実のものになりますからね。

お悩み

デート中に具合が悪くなった！
ど、どうしよう！

モヤ
モヤ

スイッチ

彼の本性が見られる大チャンス！

モヤ
モヤ

彼に惚れ直しても、幻滅しても、アクシデントは「良い出来事」

急な体調不良は、誰にでも起こりうることです。体調を崩すと、不安になりますよね。それが外出先だったら、なおさら。

そんな時に、彼が「大丈夫？　少し休もう」とベンチを探してくれて、薬局に薬を買いに行ってくれて、落ち着くまでそばにいてくれたら……。彼に惚れ直すことは間違いないですよね。

いや、でもちょっと待ってください。

ここまでテキパキと動いてくれる男性が素敵なのは当然ですが、不器用な男性がいることも事実です。

看病してくれると思ったのに、さっさとタクシーを呼んで家に帰されてしまった……。これは、彼なりの「早く家に帰ってゆっくり休んでね」という思いなのかもしれない。一緒に家に帰ってきたものの、彼はソファーでさっさと横になってしまった……。これも、「君はベッドでゆっくり寝てて」という優しさだったのかもしれない。

彼が言葉足らずだったとしても、その裏に隠れている優しさがないか、そっとのぞいてみることも忘れないでいてくださいね。

それでも、「いや、体調が悪い私に対して、優しさのかけらもなかった」と感じた場合。そんな男性はやめておきましょう。

「デート中に具合が悪くなった」という**一見最悪な出来事も、彼の優しさに触れ、彼に惚れ直すことができたのなら、「良い出来事」になりますね。**

「彼にはがっかりした」という場合も、彼の本性を知ることができた「良い出来事」です。

ちょっとしたハプニングもアクシデントも、すべてあなたにとって良い方向に転がります。

くよくよ落ち込むことはありませんからね!

お悩み

彼がなかなか
結婚を切り出してくれない……

モヤモヤ

スイッチ

いちばん大切なのは「今」でしょ!

モヤモヤ

自分の幸せを彼に求めるより、まずは自分で自分を幸せにしよう

彼との未来を考え、思い描くことはとても幸せなことですね。私がいつも推奨している「妄想」は、「未来を思い描いてニヤニヤする行為」です。どんどんしてください。ですが、「彼もこう思ってくれるはず」「彼もこうなってくれるはず」と、彼の未来まで縛ってしまうのはやめておきましょう。あくまで、幸せな妄想は自分の中で勝手にやっておきましょう。

恋愛で大切なのは過去でも未来でもなく、「今」です。過去のことをあれこれ掘り起こしたり、未来のことに気をもんだりするよりも、彼と一緒に過ごしている「今」を見つめてください。未来は「今」の延長線上にあります。

未来を幸せなものにしようと頑張るよりも、今幸せを感じることで、幸せな未来がやって来ます。

結婚は「愛のゴール」ではなく、ただの「形」です。

「結婚」があなたを幸せにしてくれるわけではありません。

結婚しても、毎日旦那さんやお姑さんの文句ばかりブーブー言ってる人もいますか

ら！

それに結婚して幸せそうに見える人は、結婚する前から幸せだったのです。彼と一緒にいる時間や自分一人でいる時間に、幸せを見出していたんです。

自分の幸せを「人まかせ」にしていてはいけませんよ！　自分が今どうしたいのか、どうなったら幸せなのかを知っているのは自分であり、他人ではありません。

彼に「早く私を幸せにしてよ」と求めるよりも、**まずは全力で自分のことを幸せにしてあげましょう**。あなたが幸せになり、いつもニコニコ笑顔でいるだけで、一緒にいる彼は幸せなんですから！

いつも笑顔のあなたを見て、彼はこう思うことでしょう。

「この子の笑顔をずっと見ていたい」って。

そして彼はついに、この言葉を口にするのです。

「僕と結婚してください」って。

幸せな未来は「今」の延長線上にあります。

「今」を大切にすることで、幸せな未来は現実のものになりますからね。

お悩み

彼が浮気してるかも……!?

モヤモヤ

モヤモヤ

スイッチ

さすが私が惚れた男！
モテるね！

魅力的な男性には女性が寄ってくる

いやいや、しょうがないですよ！

だって、美しい花にはミツバチが寄ってくるじゃないですか。それと同じ。魅力的な男性には女性が寄ってくるもんなんです。「それでもあの人は私だけに夢中なの♡ウフフフフ！」と堂々と構えておきましょうよ。

●彼が、他の女性とＬＩＮＥをしている
●彼が、職場の女性と親しく話をしている
●彼が、一緒に遊びに行くグループの中に、女性もいる
●彼が、元カノと連絡を取っている

こういう出来事があったとして、「もしかして彼、浮気してるんじゃないかしら……」と不安を抱えながら毎日を過ごすこともできますね。

浮気が確定したわけではないけど、一度疑い始めると、彼と他の女性の親しい場面

を思い浮かべ、胸が苦しくなってしまう。

その不安はどんどん拡大してしまって、もしも彼が「ごめん、今週末は忙しいんだ」とデートをキャンセルしようものならば、「ほらやっぱり浮気ね！」と勝手に結びつけてしまう。

これ、悪いほうに妄想を使ってしまう典型的なパターンです。

あなたの「彼が浮気したらどうしよう」という思いが現実化し、本当に彼が他の女性の元に行ってしまうことだってありえるのです。**せっかくなら、妄想は幸せなパワーとして使いましょうよ！**

彼が、他の女性とＬＩＮＥをしていたり、職場の女性と親しく話をしていたり、一緒に遊びに行くグループの中に女性がいたり、元カノと連絡を取ったりしているとしても、

「ふーん」

と受け流してしまいましょう。

ただ彼は、交友関係が広く、男女関係なくモテているだけなのです。それを自分が、

やれ「彼は浮気症」だの「私は浮気をされるに決まってる」だの意味づけしてしまうから、ややこしいことになってしまうんです。

彼がモテているなんて、男性からも女性からも嫌われてるよりもずっといいじゃないですか。私だって、夫が陰で「あの人はナイよねー」なんて他の女性に言われているよりも、「素敵だわ」と思われているほうがよっぽど嬉しいですよ！

あ、ちなみに私のオプション設定には「男性は浮気をする生き物」「私は浮気をされていい存在」という項目はまるっきりないので、今までお付き合いした人に浮気をされたという経験はありません（まあ、もしかしたら私が気づいていなかっただけかもしれませんが、**「気づかない＝ない」なので、それでいいんです！**）。

彼の周りに女性がたくさんいても、親しい女性がいても、いちばん大切な存在はあなた。彼が選んだのは他の誰かではなくあなたなのですから、自信を持ってくださいね。

そんな自信に満ちあふれたあなたに、彼はますます夢中になるはずですよ。

お悩み

旦那の浮気が確定！

泣いて生きるより
笑って生きるもの勝ち！

時間は恨み憎むことより、幸せになることに使おう

浮気が「疑惑」ではなく「確定」になってしまった場合。そんなことになったら、**遠慮しないで怒りましょう**。泣きましょう。

でも、旦那さんに対してブチ切れる前に、ちょっと待ってください。

あなただけが被害者で、旦那は浮気相手ばかり大切にしている……と感じるかもしれませんが、相手の女性だって陰で泣いているんです。

相手の女性は、旦那さんがあなたお手製のお弁当を食べているところや、あなたがアイロンをかけたシャツを着ているところや、あなたが選んだ靴下を履いているところを見ているんです。

いえいえいえ、だからといって怒りを鎮めろというわけではありませんよ。

そりゃ、浮気はするほうが悪い！　めちゃくちゃ悪い！　もう許せない！　キー‼

……と、私だって一緒にブチ切れたいくらいです。

それでも、旦那さんはあなたのもとに帰ってきました。そんな時に「最低！」「もう触られたくもない！」「なんで浮気なんかしたのよ！」と感情にまかせて責めてし

まったり、月日が経っても浮気したという事実を何度もほじくり返したりしてしまっては、旦那さんはまた他の女性のもとに逃げたくなってしまいます。

浮気という事実があなたを苦しめるとしても、彼と一緒にいたいなら、ただ「つらかったよ。もうこんなことはしないで」と自分の思いを正直に伝えましょう。

愛する人との関係で大切なのは、「過去」でも「未来」でもなく、**「今」**です。

朝は「おはよう」。

仕事に向かう時は「いってらっしゃい」。

帰ってきたら「今日もお疲れさま」。

そんな言葉をかけて、旦那さんが好きなハンバーグとカレーを作り、旦那さんが何かしてくれたなら、「ありがとう」と素直に受け取り、笑顔を見せてあげてください。

それだけで、旦那さんはこれからもあなたのところに帰ってきます。

泣いて生きるよりも、笑って生きるもの勝ちです。

旦那さんや浮気相手を憎んでも、傷つけても、あなたは幸せにはなりません。

誰かを恨み、憎むことにあなたの大切な時間を使うよりも、幸せになることに時間を使ってくださいね。

お悩み

彼と別れたいけど、
彼を傷つけたくない……

モヤモヤ
モヤモヤ

スイッチ

私はバスで行く。
彼は電車で行く。
ただそれだけのこと

本当の優しさとは何か、よく考えよう

付き合い始めた頃はあんなに幸せだったけど、「んん？　なんか違うぞ」と思い始めてしまう。どちらが悪いわけでもないのに、小さなボタンのかけ違いから、違う未来を思い描き始めることもあるでしょう。

そこで「いや、やっぱり私には彼しかいない」「彼と別れて、この先にいい出会いがあるかわからないし」なんて頭で考えるのはやめましょう。

彼と一緒にいてももう何のときめきも感じない胸が、答えを出しています。「彼にとっても別れたほうがいい」なんて、自分を正当化するのもやめましょう。「きれいに別れたい」「彼を傷つけたくない」と思うのはあなたの優しさであり、あなたと彼の関係がとてもよかったことを象徴しています。ですが、はっきりと言いますよ！　**別れは、人を傷つけるもの**です。

あなたの未来にもう彼はいないとしても、彼の未来にまだあなたはいる。あなたは、彼の未来から消えようとしているのです。彼は呆然とするでしょう。彼がつらい思いをしないはずはないのです。そんな時に、「どうか、傷つかないで」「どうか、私を恨

まないで」なんて言うのは、**優しさではなくて自分勝手な思いです**。「彼と一緒にいる」という選択肢を選ばないのなら、もう彼にあげられる優しさはありません。せめて彼にしてあげられることは、彼の「つらい」という思いを勝手に「なかったこと」にしないで、しっかり受け止めること。恨まれて、憎まれることも、覚悟しましょう。

「本気で生きること」から逃げようとしないでください。

でも、大丈夫。彼はあなたと別れる時、とてもつらい思いをするかもしれませんが、そのつらさはずっと続くわけではありません。「彼をずっと、一生傷つけてしまうかもしれない」なんて心配はいりません。それも、ただの思い上がりです。

あなたがあなたの未来を選んだように、彼も彼の未来を生きていきます。彼は失恋を経てもっと魅力的な男性になるでしょう。あなたが愛した彼の幸せな未来を、自信を持って信じてあげてください。**あなたはバスで行く。彼は電車に乗って行く。そしてそれぞれに「幸せ」というゴール地点にたどり着く。ただそれだけのことです**。

本当の優しさとは、もう気持ちがないのに惰性で一緒にいることなのか、相手を傷つけないように、自分の心を偽って生きていくことなのか。

それを考えた時に、答えは出るはずです。

お悩み

彼にフラれた……

スイッチ

ムダ毛の処理をサボれて
ラッキー♡

事実を受け止め、自分はどうしたいのかを考えよう

うわあ！　やりましたね！

一人になったってことは、しばらくムダ毛の処理をサボれるじゃないですか！

せっかくですから、夏はともかく、冬はフリーダムの状態で過ごしましょうよ！

……え？　すごくすごくつらいのに、ふざけるなって？

はい、大好きな人に別れを告げられたなら、今はとてもつらく、苦しいでしょう。

自分の感情を抑えずに、泣いて泣いて、落ち込みましょう。

お腹が空いたら、おいしいものを食べましょう。

そして少し気持ちが落ち着いたら、考えてみてください。

「明日、竹内〇真くんに告白されたらどうする？」と。

「めっちゃ嬉しい！」と喜べた方は、もう大丈夫。あなたは世界に35億人いる男性の中の、たった一人に別れを告げられただけ。素敵な男性はうじゃうじゃいます。

ところで、私は東京ディズニーランドが大好きです。いつも「ディズニー最高！」と思っています。ディズニーだけが特別、そう思っているはずなのに、大阪にあるユ

ニバーサル・スタジオ・ジャパンに行っても、東京都多摩市にあるサンリオピューロランドに行っても、めちゃくちゃ楽しんでしまうのです。

「恋愛とテーマパークを一緒にするな！」とお叱りを受けそうですが、「私にはもう彼しかいない」というのは、実は思い込みなのかもしれませんよ。

ただ**「知らない」「経験していない」だけで、素敵な世界はまだまだたくさん存在しています**。


どうしても、彼のことがまだ好きだと思うなら、そのまま彼への思いを大切に持っていてください。

「フラれてしまった」という出来事と、「私は彼のことが好き」という事実をつなぎ合わせて、「だからあきらめなきゃいけない」なんて思う必要はないんです。

本当に大切な人との縁を確かめるために、一度「別れ」というものを体験することだってあります（私と夫も交際中に一度お別れしています）。この先の未来は、まだ何もわかりません。

「フラれた」時に、たらいが頭の上に落ちてきたような痛みを受けるのも事実。それでも、それは本当に「痛い」だけの出来事でしょうか？

●彼が今までくれていた優しさや愛情に気づくことができた
●彼のことが本当に好きなんだと思い出せた
●彼と一緒にいた時間は本当に幸せだった

「痛い」中にも、こんなあたたかい気持ちが芽生えてくることもあるかもしれません。彼を恨んだり、憎み続けたりするよりも、自分の気持ちを優しいもので包んだほうがいいですよね。

それにほら！　これからは、今まで彼に使っていた時間が完全に自由なものになります。

一人で映画を観に行くのもいいし、友達とショッピングに行くのもいいし、たまには両親と旅行するのも素敵ですね。

フラれたという事実は、泣いても叫んでももう変えることはできません。それなら、少しでも楽しいことを見つけていきましょうよ！　そう！　ムダ毛の処理もサボれますしね！

一人の男性に別れを告げられたからといって、あなたそのものを否定されたわけではありません。また、起きた過去は変えられませんが、**未来はまだ何も決まっていません。**

失恋は、行き場を失ってしまったわけではなく、ただ分かれ道に立ったというだけのことです。

前を向いて新しい世界を見つめるか、彼への思いを大切に持っているか。「どうするべきか」ではなくて、正解は、あなたが「どうしたいか」です。

自分の心がホッとするほうを選んでくださいね。

お悩み

結婚できない……

できないんじゃない、まだタイミングじゃないだけ！

「できない証拠」を見つけるのはやめよう

あなたは簡単に「できない」と口にしますが、**「できない」を疑ってみましょう**。

私は外でスキップはしません。スキップできますけどね！

夫が運転してくれるので、私が運転することもありません。一応免許は持っているんですけどね！

私の娘は小学4年生ですが、毎日私が髪を結んでいます。本当は、娘が自分でできるんですけどね！

ね、「できるけどしない」ことはたくさんあります。あなたの結婚も同じ。

今、彼氏がいないあなたは「いや、結婚したいけど本当にできないんだよ」と言うかもしれませんが、**「できない」と思い続けている限り、頭は「できない証拠」を探そうとします**。

例えば私は「指パッチン」ができませんが、練習してもやはり指は鳴らず、ただ痛くなるだけ。そして「ほら、やっぱりできない」と「できない証拠」を見つけては安心しているんです。でも、本当に指パッチンができるようになりたくて、「できるできる」と思いながら練習すれば、できるようになるんです。だって指パッチンは、「逆立ちで町内一周するぞ！」というような無理難題ではないですからね（でも、指パッチンができるようになっても特に披露する場もなさそうなので、練習はやめておきます）！

「結婚」は、そんなに難しいことではなく、自分にとっていちばんいい時にタイミングが訪れるもの。

「素敵な人と結婚したいな」という願いを大切に持ちながら、幸せに過ごしている自分の姿を思い描きましょう。

「できない」と自ら未来の可能性を打ち砕いたり、本当は「したい」のに「別にしなくていい」と**自分の願いとは裏腹の言葉を口にしたりはしないようにしてくださいね！**

お悩み

夫が女として扱ってくれない……

モヤモヤ

スイッチ

私は笑顔だけで夫を癒し、幸せにできる！

「魅力的な女性」であることをあきらめないで

あなたは素敵な人ですよ！　知性も色気もあって、とっても魅力的な女性です！

……と読んで「いやいや、違うし」と即座に否定したくなったあなた。

もしかしたら、「夫が」あなたを女性として扱ってくれないというよりも、その前に**「あなたが」あなたを女性として扱わなくなったのが先だったのかもしれません。**

「だって、急に白髪が増えたから」↓　気になるなら、明るい色に髪を染めましょう！

「だって、ほうれい線ができてきたから」

↓　気にならないぐらい、たくさん笑いましょう！

「だって、シミも目立つようになってきたから」

↓　今の時代、カバー力が素晴らしいメイク用品は山ほどありますよ！

あなた自身が「魅力的な女性」であることをあきらめてしまったら、いちばん近くにいる旦那さまだってあきらめてしまうのは当たり前。「人は見た目じゃない」とは言いつつも、**「見た目」だって大事な要素**なんです。

歳をとるごとに体の変化は増えてきますが、どれも「女性を捨てていい理由」にはなりません。体型が変わったのならその体型に合った服装を選び、似合う髪型がわからなくなったら、プロである美容師さんに相談して、今の自分をいちばん魅力的に見せる髪型を見つけてもらいましょう。

ただ、テレビに出ている女優さんのようにきれいじゃなきゃいけないってことではありません。男性が女性に求めているものは「若さ」や「美しさ」だけではありませんよね。この年齢までに経験してきたこと、蓄積されてきた知識、優しさに思いやり。それらがすべて、あなたを彩る魅力になっています。

年齢を気にして無理に若作りしようとするよりも、ただご飯を食べて「おいしい！」と喜びましょう。何でも自分でしようと頑張りすぎないで、できないことは「できない」、わからないことは「わからない」と言って旦那さまを頼りましょう。

あなたと旦那さまは、永遠に浅倉南と上杉達也なのです。

あなたの笑顔は、いつだって旦那さまを癒し、幸せにしています。

第5章

もっとかわいく生まれたかった！

お悩み

げ！　3キロ太った！

モヤモヤ

モヤモヤ

スイッチ

やった！
バストとヒップが
マリリン・モンローに近づいた！

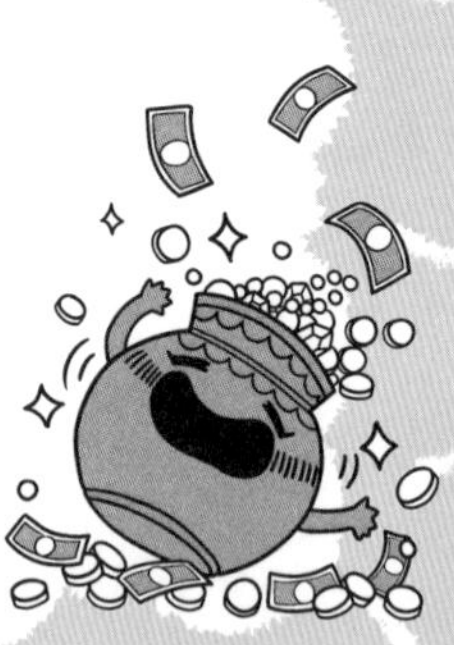

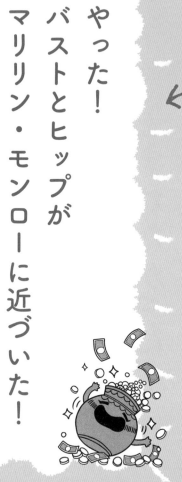

大事なのは、体重計が示す数字よりも鏡に映るその姿

「やばい！　体重が3キロも増えたからダイエットしなきゃ！」ですって？

ノンノンノンノン！　体重が増えたイコール悪と決めつけるのは、メディアや世間の声に惑わされすぎていますよ！

その3キロは、バストとヒップがさらにセクシーになったのかもしれません。マリリン・モンローや峰不二子ちゃんのスタイルになれるのももうすぐですね！

はたまたその3キロは、筋肉がついたのかもしれません。筋肉は脂肪よりも重いというし、筋肉が増えると基礎代謝量もアップ！　健康的な体でとても素敵ですよ！

……まあ、何が言いたいのかというと、**たかが数字なんかに振り回されるな**ということなんです。

体重計が示す数字よりも、鏡に映るあなたの姿をしっかり見てあげてください。

ほーら！　魅力的なところがいっぱいあるじゃないですか！　そんなに素敵なのに、体重の2キロ3キロぐらいで落ち込むなんて、本当にもったいない。

……ん？　顔が少し疲れてむくんでいるように感じるって？

そうですそうです。しっかり鏡で自分の姿を見てあげると、そんなふうに自分の体の変化に気づくこともできますね。

少しむくんでいるということは、ここ数日睡眠が足りていなかったのかもしれない。暴飲暴食が続いてしまったのかもしれない。運動不足だったのかもしれない。そうやって、自分の生活を見直してみてください。

美と健康は、体重計ではなく自分の姿をしっかり見てあげることから。

そして、メディアや世間の声を優先するんじゃなくて、あなたが本当になりたい姿はどんなものなのか、そこをしっかり見つめてくださいね。

お悩み

もっとかわいければよかったのに！

モヤモヤ

モヤモヤ

スイッチ

かわいいより
「幸せ」がいちばん！

「かわいい」「美しい」「かっこいい」の基準なんて曖昧なもの

何を言ってるんですか！　あなたはとってもかわいくて魅力的な人ですよ！　はい、終わり！　以上！

……ではあまりに短すぎるので、少しご説明を。

ここで、質問です。

「かわいい」って何ですか？

……え？　芸能人のあの子は誰が見てもきれい？　よく行くカフェのあの店員さんは、笑顔がかわいいっていろんな人に言われてる？

ハイ、確かにテレビで見る女優さんやアイドルはとてもきれいでキラキラしていますが、じゃあなぜあなたは自分のことを「かわいくない」って決めつけてしまうんですか？

「かわいい」の基準って何ですか？

「誰々はかわいいけど誰々はかわいくない」って誰が決めてるんですか？

そろそろ「質問攻めでかずみんウザい！」と言われそうなのでやめておきましょう。

ほら、友達が「あの人かっこいい！」と言うので、あなたはその男性を期待たっぷりに見てみました。ところが、「……ふーん……？（あの人のどこが？）」と感じてしまうことも正直あるし、自分が「あの人めっちゃくちゃかっこいいんだけど！ほら見て見て！」と興奮気味に隣にいる友人に伝えてみても、「ああ……へー（ああいうのが好みなんだ）」といった反応をされること、ありますよね。

「かわいい」「美しい」「かっこいい」の基準って、実はすごーく曖昧なんです。

あなたが自分のことを「かわいくない」と思うのは、テレビで見る芸能人よりも顔が大きいから？　目が小さいから？　鼻が低いから？

それって、「誰かと比べてる」ってことですよね。

人が「好きだな」と思う魅力なんて、本当に人それぞれなんです。

二重の目よりも一重の目が好きな人もいれば、笑えば糸くずのように細くなる目にとんでもない色気を感じる人もいる。「誰かと比べて」じゃなくて「私のこの顔」が最高にかわいい!!　と決めてしまいましょう。

そうそう、そういえば、あのオードリー・ヘプバーンもコンプレックスのかたまりだったらしいですよ。あんなに美しい顔を持っていたにもかかわらず、本人はこんなふうに感じていたそうです。

「大きい目も、大きい口も、高すぎる鼻も、尖った耳も嫌い」

「なんと贅沢な！」と何の凹凸もないハニワ顔の私は感じてしまいますが、きっとオードリーはオードリーなりに真剣に悩んでいたのでしょう。

そして彼女は考えました。嫌いな大きい目と大きい口と高い鼻、尖った耳が目立たないように、眉毛に視線が集まるよう何度もメイクを試し、研究した結果、あの印象的な眉のメイクが生まれたのです。

当時はマリリン・モンローのような、セクシーな女性が人気でした。そんな中、華奢で痩せていたオードリーは、マリリンを真似してグラマラスな女性になろうとしたのではなく、あえてコンプレックスであった彼女の体型を強調するようなスタイルを選んだのです（サブリナパンツスタイルは有名ですよね！）。

あなたのコンプレックスも、きっと誰かにとってはとても魅力的に映っているんです。隠そうとするよりも、バーン！　と強調するメイクや服装にチャレンジしてみたら、さらにあなたの魅力が増すかもしれませんよ！

ただ、**どんな時でも答えは1つではありません**。

高い鼻と大きな口を隠して眉毛を目立たせようとしたオードリーのように、コンプレックスを隠して自分の好きなところを強調したっていいのです。自分の好きなところも嫌いなところも、全部自分。すっぴんのままの自分も、メイクをして変わった自分も、全部自分。

自分のことを、すべて丸ごとこれでもかというぐらい好きになって愛してあげてください。「誰か」と比べるんじゃなくて、「私」が最高に魅力的なんです。

鏡を見るたびに「うわあかわいい！　こんなにきれいな顔ってこの世に存在するの？　あーびっくりした！」とほめちぎってみましょう。

大丈夫、一人の時に何をしようと、頭の中でどれだけド厚かましいことを考えようと、誰にもバレませんから。

一人の時にいくらヘンなヤツになったって、

大丈夫ですから。

自分で自分のことをこれでもかというほどほめながらも、人にほめられた時には「ありがとうございます」とニコッと微笑む謙虚さを。

自分の中に、ド厚かましさと謙虚さをうまく同居させましょう。

これで、あなたもあなたの美しさに気づくことができて幸せ。あなたの周りにいる人も、あなたの美しさを目にすることができてみんな幸せです。

「最もかわいい女の子は、幸せな女の子だって信じてるわ」(オードリー・ヘプバーン)

お悩み

買った服が悲しいほど似合わない……

モヤ
モヤ

スイッチ

モヤ
モヤ

見た目なんて「気持ち」次第で変わる

変わったのは「服」ではなく、あなたの「見方」

おやおや⁉　おかしいですね。お店で試着してみた時はバッチリだったのに、家に帰ってから着てみると、全細胞が「ナンカチガウ」と言っている……。

いえいえ！　それはあなたが服選びを間違えたわけではありません。店にいる時と家にいる時では、鏡も違えば照明も違いますね。それに何より、あなたの「気持ち」も違います。

ショッピング中は「今日はどんな服を買おうかしら〜♪」とウキウキしているもの。店員さんにもほめられて、ウキウキ度はＭＡＸですね。そのために、あなたの姿勢もシャキーン！　としていたし、顔もいつにも増してキメ顔でした。

今は家にいるから多少腑抜けた顔になってはいるでしょうが、大丈夫。お出かけする時にはまた、ウキウキ気分でキメ顔になったあなたがそこにいますから、洋服もバッチリ似合ってますって！

「心」が変われば、あなたの見た目だって変わります。何というか、**まとっているオーラみたいなものが変わってきちゃう**んです。

「私ってば、超お金持ち〜♪」と思いながらルンルンで歩いていると、ゴールドのオーラを放ち、お金引き寄せ体質になります。

「私ってば、ファッションモデル！」と思いながら颯爽と歩いていると、体からスターっぽい光を発し、すれ違う人みんながあなたに夢中になっちゃいます。

「あの人もこの人も、幸せでありますように」と道ゆく人の幸せを願っていると、優しいピンクのオーラになり、また愛を引き寄せます。

ね！　見た目が美しくなったから心が変わるんじゃなくて、**心が変われば見た目が変わるんです**（もちろん、まずは「形から入る」という方法にも賛成なんですが）。

買った服はお店にあった時と何ひとつ変わっていません。ただあなたの「見方」が変わったというだけなんです。

ならば、あなたの心のウキウキ度が増せば、その服はまたあなたの輝きにピッタリ合う服になりますよ！

まあ、どうしても似合わない……というのであれば、リサイクルショップやオークションに出して、別の誰かに着てもらいましょう。洋服はタンスのこやしにするのではなく、誰かが着るからこそ輝くということも最後に付け加えておきますね！

お悩み

肌荒れがひどくて鏡を見るのも嫌！

モヤモヤ

モヤモヤ

スイッチ

肌荒れ以外はきれいじゃん！

自分の心に映したものが、現実にも映し出される

肌荒れのつらさは、とてもとてもよくわかります。

何ともない人にとっては「たかが肌荒れ」なんでしょうが、肌は目に見える場所ということもあって、「外に出たくない」「人に会いたくない」と気持ちが沈んでしまうんですよね。

私の娘も、幼稚園から小学校低学年にかけて、乾燥による全身の湿疹に悩んでいました。習い事のスイミングや学校の水泳の授業で水着に着替える時に、「その肌どうしたの？」と他の子に言われるのが嫌なの、としょんぼりしていたものです。

幼い子でも、肌の悩みはつらいものです。ですから、「肌荒れくらいで落ち込むなんて」と肌荒れを「この程度の悩み」ととらえるんじゃなくて、まずは「つらいな」と自分の痛みを受け入れてくださいね。肌荒れ以上に深刻な悩みも山ほどあるでしょうが、肌荒れだって十分ダメージを受ける悩みなんですから。

私も、中学時代から顔のニキビに悩んでいました。ありとあらゆる化粧品や美容法を試して、一時的に肌が落ち着くことはあっても、またニキビができてしまう……。

いつもこの繰り返しでした。

通っていたエステでは「しっかり顔を洗いなさいよ」と言われたことも。顔なんて、とっくに洗っています。顔を洗うぐらいでこのニキビが解消されるなら、1日に20回でも30回でも洗ってやるわ！　とニキビで悩む私は涙したものです。

そんな私も、今はだいぶ肌が落ち着いています。何を変えたかというと、「気持ち」なんです。

「そんなことでこの肌荒れが治るなら、何も苦労しないわ！」とおっしゃりたくなる気持ちもわかりますが、ちょっとお聞きください。

私はニキビに良いとされるさまざまな方法を試しながらも、いつも「ニキビだらけの顔」を見ながらケアをしていました。

新しい化粧品を使う時も「肌がきれいになるといいな」と思いながらも、「ニキビだらけの顔」を見ていました。

健康的な食事をしても、運動をしても、いつもいつも私の視線の先には自分の「ニキビだらけの顔」があったんです。「ここにもニキビがある」「今は顔に全部で5個のニキビがある」とニキビの数まで数えながら。そして、常に「このニキビをどうやって隠そうか」とニキビにばかり意識が向いていました。

それじゃあ治るものも治りませんね!

「いつも頭で考えている自分の姿」や「いつも自分が意識を向けているもの」は、それらに対して**「私はこういうのが好きだから、またやっておいで〜」**と言っているのと同じことになるんです。

私がニキビを治すために「思いっきりニキビに意識を向けながら」やっていたことはすべて、「ニキビがもっと増える」という現象に直結する行為だったんです。

ぜひ! 騙されたと思って、「真っ白でツルツルになった肌」を頭の中に思い描きながら、肌のお手入れをしてみてください。なおかつ、

「頬にニキビはあるけど、おでこはきれい」

「ニキビはあるけど、シワはほとんどないよね」

「ニキビはあるけど、私は自分の目がとても好き」

と、**自分の肌のきれいなところや、好きなパーツに意識を向けてください。**

それを続けることで、自分に合ったお手入れ方法や化粧品に出合えます。無性に何かを食べたくなったり飲みたくなったり……ということもあるし(それがお肌にとて

もよかったり！）、「体を動かしてみようかな」という気分になったりもします。実はアレルギーが隠れていて、病院に行ったら原因が見つかった！　治療をしたら嘘のように肌荒れが治った！　ということもあります。

肌が生まれ変わるのに28日はかかると言われているので、劇的に明日変わるということはないかもしれないけど、気長に、あきらめずに、きれいな肌になった自分を頭の中で育ててあげてください。

私の娘の湿疹がひどかった時も、痛々しくて涙が出そうになることもありました。だけど、頭の中では「ツルツルの肌」を思い描きながら手入れをする。「肌が弱いね」「何でこんなに湿疹ができるの⁉」という言葉は口にせず、「どんどん強い肌になっていくね！」「ほら！　ツルツルになるよー！」と前向きな言葉を口にしながら、保湿クリームを塗る。そんな地道な日々の積み重ねで、今、娘の肌は望んでいた通りの「ツルツル」になっています。

肌荒れの悩みは鏡にはっきりと映ってしまうだけに「今の、この現実」に意識を持っていかれがちですが、「望む自分の姿」をいつも頭に映し出すことを忘れないでください。きっと、その姿が現実の鏡に映る日が来ますからね。

お悩み

彼の髪が薄くなってきた！

スイッチ

セクシー・ホルモンに満ちあふれて魅力的♡

「欠点」ととらえるか「魅力」ととらえるかは、彼とあなた次第

「愛しの彼の髪が薄くなってきた……」と嘆いたり、「薄毛の男性は恋愛対象にならない！」と決めつけたりしてしまっているあなた！

もしくは、薄毛に悩んでいる男性のあなた！

何をおっしゃっているんですか！

彼の頭皮だけを見て「この人はないわー」と恋愛対象から削除してしまう女性の皆さんも、「髪が薄いから俺はモテない」と決めつけてしまっている男性の皆さんも、あまりにももったいないことをしていますよ！

変に薄毛を隠そうとせず、さっぱりと超短髪にするかスキンヘッドにしてしまいましょう。

フランスでは「薄毛はセクシーさの象徴」と言われ、薄毛の男性はむしろ大人気なんです。スキンヘッドの男性が日本からパリに赴任した時、フランスの女性にそれはそれはモテたのだとか。日本ではネガティブにとらえられがちですが、フランスの女性にとっては大歓迎なのです。そうはいっても、実は日本の女性も「髪が薄くても、

その人に似合っていればＯＫ！」という意見が70％を占めているそうですよ。

「いや、そんなこと言われても信じられない……」と後ろ向きのあなたや、「でもどうしても薄毛の男性はちょっと……」というあなたに、その魅力をお伝えします。

①堂々としている

髪が薄くなったからといって下を向いて生きている男性よりも、それを気にせず、むしろ自分の頭で笑いを取るくらい堂々としている男性は魅力的に映ります。

②清潔感がある

髪の毛がフサフサでも、脂ぎっていたり、肩にフケがあるような男性は女性から嫌われるもの。潔くピカーン！　と光っている頭は清潔感にあふれています。

③シャンプー、トリートメント、美容院代がかからない

シャンプーやトリートメント、美容院にお金がかかるのは女性の皆さまならよくご存じですね。ところが髪が少なければその分、シャンプーも少量ですみますので、節

約につながります。バリカンやカミソリを使って自分で処理をすれば、美容院代もかかりませんね！

④身支度に時間がかからない

シャンプーをした後に髪を乾かす手間がかからないのはもちろん、出かける時だってセットをする必要がありません！　寝癖だってつかないし、風が強い日も髪の乱れを気にすることがないので、ストレスもゼロですね。髪の毛をゼロにしたらストレスもゼロ！　すがすがしいですね！

⑤年齢を重ねても見た目が変わらない

若い時に髪がフサフサの人だって、年齢を重ねるごとに少しずつ薄くなっていくもの。でも、若い時からであれば、いつまでも変わらない彼の姿（頭皮）を見ることができます。

愛する彼と結婚しても、毎月のシャンプー代が高額になったり、身支度に時間がかかかることでケンカになったりしてしまっては、もったいないですよね。

でも、薄毛の彼ならそんなケンカをすることは一切なし！　いつまでも仲良く、生きていくことができるのです。

ほら、どうです！　素敵な魅力だらけの薄毛を、あなたも少し見直したのではないでしょうか。

……え？　そういうかずみんは、旦那の髪が薄くなってもそう言えるのかって？

もちろんです。

出会った頃に比べて肉付きがよくなった私のことを受け入れてくれている夫ですから、毛髪の変化ぐらい私も受け入れますよ！

薄毛は身長の高さや肌の色の違いと同じように、個性の1つにすぎません。1つの個性を欠点ととらえるか、魅力ととらえるかで、薄毛に悩んでいるあなたも、「薄毛はない」と恋愛対象を狭めていたあなたも、人生が大きく変わるはずですよ。

お悩み

かわいくないし、太ってるし、
こんな私に彼氏ができるの？

モヤモヤ

モヤモヤ

スイッチ

できること、やれることが
星の数ほどあるなんて、幸せ♡

妄想は「現実を生き抜くための栄養補給」。ただの現実逃避じゃない

私はブログの中で「願いは叶います！」「妄想することで、それは現実になります！」と書いています。また、その願いを叶えるためには「頑張りすぎる必要はないんですよ！」とも書いています。そして時々、こういったメッセージが届きます。

「私、ブスでデブなんですけど、それでも素敵な彼氏ができるんですよね？　妄想だけしてたらいいんですよね？」と。

いや、頑張りすぎなくていいとは言ってるけど、**頑張れることがあるなら頑張りましょうよ**。と、私は声を大にして言いたい。

自分で「ブス」と言っているのもただの勘違いだったりするし、「デブ」も魅力がないということではないけど、もしですよ。もしもあなたが本当に何の手入れもしないで、人目もまったく気にしないで生きていて、本当に、本当にブスでデブなのだとしたら、**少しでもかわいくなるように、きれいになるように最低限の努力はしましょう**。

本当に本当に欲しいものがあったら、人って何としてでも手に入れたいと思いますよね。カタログを何度も見たり、それを買うためにバイトをしたり、お金をためたりと、

頑張ります。だけどそれは、本当に欲しいもののためだから苦しい努力ではないはず。「私、ブスでデブだけど何にも頑張らずに素敵な恋をしたい」と本当に思っているのであれば、「恋をしたい」というのは本物の願いではありません。それは自分の人生を**「ただサボりたい」だけ**です。

私が推奨している宝くじ高額当選だって、ただラクだけをして超お金持ちになろう！　と言っているわけではありませんよ？　まず宝くじを買いに行く！　もしくはネットで宝くじを購入する！　ほら、これだけで確実に1つの行動はしています。

さらに「宝くじに当たったらこれも買って、あそこにも行って〜」とニヤニヤ妄想にも励みます。宝くじはメンタルトレーニングですから、トップアスリート並みのイメトレが必要となるわけです。そうやって念入りにイメトレをしておくことで、急に大金が舞い込んできても慌てふためくことなく、幸せなお金持ち人生を送ることができますね！

宝くじ当選だって、まずは心のトレーニングから。

「きれいになって素敵な恋がしたい」という思いを、まずはしっかりと心から願うことが大切です。

「きれいになりたい」「素敵な恋をしたい」という**願いが本当のものであれば、それが人の目には「努力」と映るものであっても、当人は楽しみながら頑張れるもの。**

「ありのままの私を受け入れてほしい」という思いも、「素敵な恋をしたい」という思いも、どちらも素敵な願いです。

ただ、「自分の人生をサボっていないか」ということは、心に留めておいてください。

「妄想をすれば願いは叶う」というのは、ただ現実逃避だけをしていればいいという意味ではありません。

妄想は「現実を生き抜くための栄養補給」なんです。

妄想することで幸せな気持ちになるから、また前を向ける。

妄想することで「この姿に近づきたい」と思うから、新しい何かに挑戦できる。

妄想を「ただの妄想」で終わらせるか、「未来の予行演習」に変えるかは、あなた次第です。

お悩み

すぐに体調を崩してしまう……

「ゆっくり休みなさい」という神さまの思いやり

短所や弱点は、味方につければ長所になる

体力というものには、個人差があります。ですので、ちょっぴり体が弱いあなたが体力のある人から、

「病は気から！」

「それぐらいでへばっててどうする！」

「体調管理ぐらい、しっかりしなさいよ」

なんて言葉をかけられても、真に受ける必要はありません。他人は他人、自分は自分。自分のことを他人がよく知ってるわけがないんですから、受け流しておけばいいんです。

自分の体を第一に、無理はしないでマイペースに過ごしていきましょう。

漫画やアニメでも、「体が弱い」というキャラクターは存在しますよね。『ちびまる子ちゃん』では山根くんという胃腸が弱い男子がいますし、『アルプスの少女ハイジ』では車いす生活を送っていたクララもいます。新選組を取り扱った作品では、沖田総司は史実通りに病気と闘っているキャラクターとして描かれています。

病気と闘っていたり、病気だけど強かったり、病弱であることをいじられたりとさまざまですが、どのキャラも存在価値があり、愛されているように感じるのは、きっと気のせいではないはずですよ！

病弱な人、体力がない人って愛されてるんです。読者からも愛されていますし、神さまという大いなる存在からも愛されています。

まず、体が疲れてしまった時はゆっくり休みますよね。これは、

「ほらほら、無理しちゃって。ゆっくり休みなさいよ〜」

という神さまの優しさです。

また、**ゆっくり休んでいる時はいろいろなことを考えるようになります。**

将来のこと、仕事のこと、この先の自分の人生について……。「考える」「思い描く」という行為は自分の人生プランをしっかり組み立てるということですから、行き当たりばったりに生きている人より有意義に過ごしていけるのです。

そして、「この先も仕事を続けていくの、不安だなあ」という思考になり、「うわあ会社に行きたくない」という思いが強く芽生えたとします。「会社に行きたくない」、いいじゃないですか！　毎日毎日満員電車に揺られて働きアリのように汗水たらして

働かないとお金は得られないというのは、植えつけられた思い込みです。そこであなたは会社に行かずしてお金を得る方法を、真剣に考えます。

それは、あるスキルを発揮してお金を稼ぐのかもしれない。

投資の才能が開花しちゃうのかもしれない。

在宅で、自分のペースで働ける仕事に出合うのかもしれない。

私も、そこまで体力があり余ってるわけではなく、コーヒーの香りは大好きなのにコーヒーを飲むと具合が悪くなったり、ジェットコースターが好きなのにジェットコースターに乗ると三半規管がやられて小一時間は休憩しないと動けなくなったりするという地味に悲しい体質を持っていますが、とにかく自分の家が大好きという性質も持っています。このとじこもり性質をプラスに変えて、「家で仕事をしたい！」というパワーに変えました。今は家で仕事をしながら、会社に勤めていた時よりも多くの収入を得ています。

松下幸之助さんも、こうおっしゃっています。

「学問がない、体が弱い、これも常識的には短所と考えられている。けれども、私の場合にはそのことが幸いして、成功できた。とすれば、それはむしろ長所であったと言えなくもない。悩みに負けてしまわず、自分なりの新しい見方、解釈を見出して、その悩みを乗り越えていくことが大切である」と。

また、「自分は病弱だったから、すべて人にまかせた。結果的にはそれで人が育ち、事業が成功した」という言葉も有名ですね。

体が弱いということを嘆きながら生きていくよりも、「体が弱いおかげでこんなことができる」と前向きにとらえたほうが、幸せな人生を送れそうです。

私も松下幸之助さんを見習い、ジェットコースターに乗るたびにフラフラしても、「ちょっとゆっくり休みなさい」という神さまからの優しさだと思って、前向きに生きていきますよ！

お悩み

目が悪いし、メガネが面倒……

スイッチ

おばけが出ても見えないから、いいね！

目が悪い人にもメリットがある

私も、視力が0・1もないド近眼です。メガネもコンタクトレンズもめんどくさいと言いたくなる気持ち、とてもよくわかりますよ！

だけど実は、視力が弱いことにもメリットがあるんです。

①メガネのおしゃれを楽しめる

メガネは今や、ただの矯正道具ではなくおしゃれアイテムと化しています。メガネをかけるだけでちょっぴり知的に見えるし、おしゃれにも見える！　これは嬉しい効果ですね！

②「目が見えにくくて……」と言い訳ができる

会いたくない人にばったり会って挨拶をせず、次の日に「無視したでしょ」と言われたとしても、「あー……昨日コンタクトが外れちゃって、何も見えなかったんですよ」とごまかすことができます。提出した書類の誤字脱字が多くても「ちょっと目が見えにくて……」と言い訳をすることもできますが、あんまり多用すると信用ガタ落ちになるので気をつけましょうね！

③ギャップで「ドキッ」とさせることができる

普段スーツでメガネをかけて仕事をしている女性が、休日に女性らしいワンピースを着てコンタクトで現れた時、そのギャップに間違いなくドキッとしますよね。また、逆パターンとして普段はメガネをかけていないけれど、仕事中だけメガネをかけて知的ぶることもできます。このギャップは武器にするしかないですね！

④見たくないものを見なくてすむ

メガネをかけていない時に、小さな虫が近くに現れても気がつきませんし、片付けなければいけない書類や洗濯物、洗い物が山のように積まれていても見えないので気になりません。また、私は非常に怖がりなのですが、おばけが現れてもメガネをかけていなければまったく見えないので怖くありません。「見えない」ものは「見なくていい」ってことだと都合良く解釈しておきましょうね！

⑤会話が弾む

ド近眼の人は、メガネやコンタクトがないと、とにかく何も見えませんし、読めません。ちょっとした看板や案内を見て「ねえ、あれ何て書いてあるの?」と一緒にいる人に尋ねたら、そこから会話が弾むこと、うけあい。気まずい空気を味わうこともありませんね!

はい、ここまで視力が弱いことのメリットをお伝えしてきましたが、最大のメリットは**「よく見えない世界を生きることができる」**ということでしょう。

え? そんなの不便だし、デメリットでしかないって?

いえいえ、そんなことはないのです。都会のコンクリートジャングルにある道端のゴミやいかがわしい看板、あふれる人並みにおびえた時も、メガネを外してしまえばほら、マイルドでファンタジーな世界に一瞬で早変わりするのです。

落ちているゴミ袋が白い犬に見えることだってあるし、いかがわしい看板もただのきらびやかな何かに見えるし、人の顔だってはっきり見えないものだから全員が美男美女に見えてしまいます。

そう、自分の視力では見えていないから、すべてを心の目で見ることができるのです。テストの点が10点だとしても、１００点に見えるでしょう。隣にいる恋人だって、超美形に見えます。鏡に映る自分の姿だって、どこかの女優ばりにきれいです。目から入ってくる情報だけがすべてではありません。さあ、心で感じましょう。

心に映し出したものこそ真実です。

その真理にメガネを外すだけで近づけるのは、視力が弱い人だけの特権なのですよ！

第6章

人間関係こじれすぎ！

お悩み

友達がいない……

スイッチ

今が幸せなら、
一人はラクだし、
最高

友達は「頑張って作るもの」ではありません！

この「友達は多いほどいい」っていう風潮、何なんですか。

子供の頃は「友達１００人できるかな」なんて圧力満載の歌を歌わされ、友達を作らなきゃいけないというプレッシャーを受け続けたのちに、大人になったらなったで「友達の数＝人としての魅力度」みたいに測られたりする。

決して、友達がいないと恥ずかしいなんてことはないし、友達の数で人間の価値が決まるわけではありません。

フェイスブックで友達が１０００人超えたって、**「だから何？」**って感じですよね。

その１０００人のうちの何人に、自分の本当の悩みを打ち明けることができるでしょう。ネット上の友達が１０００人以上いるよりも、心から気を許せる友達や仲間５人と過ごす時間のほうが、よっぽど価値があるように思うのです。

もう、友達がいないことで悩むのはやめましょう。

友達がいなければ、誕生日プレゼントを買ったり、誕生日パーティーに行ったりする必要もないので、お金がたまる一方ですね！　旅行もショッピングも、自分が好きなところに行き放題！　ＳＮＳに振り回されることもなく、とにかくラク！

それに何と言っても、**一人の時間を過ごすことによってたっぷり妄想することができる！**

最高じゃないですか！

友達がいないことには、こんなに素敵な面がたくさんあるのです。

いえいえ、「友達を作るな」と言っているわけではありません。「友達が欲しいな」と思うのなら、その気持ちを大事に持っていてくださいね。

友達は、「頑張って作るもの」ではなくて「自然とできるもの」です。

おばあさんが作ってくれたきびだんごで次々と仲間を作った桃太郎のような例外も中には存在しますが、友達はものやお金と引き換えに作るものではありませんよね。「友達を作ろう！」と頑張るよりも、自分が好きなことに夢中になってください。映画が好きなら映画を観に行く、ライブが好きならライブに行く、旅行が好きなら旅行をする、焼肉が好きなら週に1回は焼肉を食べに行く。

好きなことに夢中になっているだけで、人はまぶしいほどにキラキラと輝き始めます。輝きを放つあなたに吸い寄せられるように、素敵な出会いがあること間違いなし。

友達も恋人も、「欲しい」と思っている時ほど対象は逃げていくものです。

追いかけるよりも、自分が一人の時間を最高に楽しむ。

そうすることで、自分と波長が合う人が自然と引き寄せられ、毎日の生活も人間関係も、さらに素敵なものになっていきます。

あなたが幸せに生きていれば、友達の数なんて多くたって少なくたってどっちでもいい。

そんなふうに気楽に考えちゃいましょうね！

お悩み

ママ友付き合いが面倒……

スイッチ

付き合わなくても
実はまったく困らない！

大事なのは、子供の成長と自分の人生

小学生の娘を持つ母親でもある私から言わせていただきます。**ママ友は「絶対にいなきゃいけないもの」ではありません**。前の項目で書いた「友達」と同じですね！

子供はたくましいもの。母親同士が親しくなくても、子供は遊ぶことを通じてあっという間に友達を作ります。

そうはいっても、子育てをしていると悩みはつきものですね。うちの子はちょっと体が弱いんじゃないかしら、勉強についていけてないんじゃないかしら、あら、歯並びが少し悪いから矯正したほうがいいのかしら、ああやっぱりうちの子は宿題を全然しないわ、なんて悩みや心配事を挙げ出したらキリがないくらいです。

そんな子育てに関する相談をしたり、愚痴をこぼしたりするのは、ママ友に限らず家族や友人、職場の同僚でも十分です。例えば年が離れている子供を持つお母さんに悩みを話してみると、「うちも子供が小さい頃は同じことで悩んでたけど、大丈夫よ！」と心強い言葉をくれて、安心できるはず。

ママ友は、いなくたって何も困りません。

というより、ママ友って何？　と私はその定義すらわかっていませんよ！

子供が友達と遊ぶ予定を立てたら、友達のお母さんにもＬＩＮＥをする。学校で顔を合わせたら、近況報告も兼ねて少しおしゃべりをする。帰省をしたら、お土産を持っていく。私にもそんなお付き合いをしているお母さんたちはいますが、母親同士だけでランチに行ったりお出かけしたりということは、一切ありません。そんな付き合いであっても、私にとっては心強い「仲間」たちです。

そう、大事なのは「距離感」ですね。**「面倒だな」と思う付き合いなら、やめてしまえばいいんです**。ママ友グループのＬＩＮＥやランチ会が面倒なら、バリバリ仕事をして仕事を理由に断ってしまいましょう。仕事がダメなら熱中できる趣味を見つけてしまいましょう。そのほうが、自分の時間を有意義に使うことができますね。

自分の子供の成長を楽しみに見守りつつ、自分の人生を楽しんでいたら、ふとしたきっかけで親しいお母さんの一人や二人は自然とできるものです。子供が大きくなっても関係なくずっと親しい仲でいられる。そんなお母さんとの出会いも、きっとあるはず。うわべだけのママ友付き合いで心を消耗するのはやめておきましょうね。

お悩み

言いたいことが言えない……

モヤ
モヤ

スイッチ

じゃあ、「聞く」プロになればいい！

モヤ
モヤ

「聞いてもらいたい」人のほうが多いもの

「言いたいことが言えない」って、実は私もそうなんです。文章で自分の思いを伝えることはできますが、しゃべるのは本当に本当に大の苦手。頭で「あ、これ言おう」と思っても直前になって「……やっぱりやめよう」と口をつぐんでしまうのもしばしばなんです。これ、自己嫌悪になっちゃいますよね。会話ってキャッチボールが大事なのに、思いをうまく言葉にできない自分のせいで、尻切れとんぼで終わってしまう。

「あーあ、せっかく楽しい話をしてくれたのに盛り上がらなかったな……」なんて、一人になってから反省することもしょっちゅうです。

ですが、ちょっと考えてみてください。みんな話すことが好きで得意だったら、それはそれはやかましい世の中になってしまいます。ならば、「話す」ほうにフォーカスするのはもうやめましょう。話すのが苦手な人ってちゃんと人の話を「聞いている」んです。ならば、「うまく話さなきゃ」「言わなきゃ」と考えるよりも、相手の話を「聞く」プロフェッショナルになりましょうよ！

とはいえ、人はとにかく話したい生き物なので、**自分の気持ちを聞いてほしい人は**

わんさかいます。そんな人の話を、しっかり最後まで聞く。いえ、「ただ聞く」だけじゃなくて、**こうなったらめちゃくちゃしっかり聞きましょう**。

うなずくタイミングも大事ですし、めちゃくちゃしっかり相手の話を聞いていたら、自然と言葉が出てくるはずです。話の続きが気になる時は「え、それでどうなったの？」、素直に感心した時は「すごーい！」、面白い話だったら「あははは！」と思いっきり笑う。相手の話が難しくて理解ができなかったら、「ちょっと待って、ちなみに相対性理論って何？」と聞き返せば、またそこから話が広がります。話の合間で「それってこういうことだよね」と簡単に話をまとめれば、「ああ、ちゃんと私の話を聞いて理解してくれてるな」と喜ばれること間違いなしですし、話をめちゃくちゃしっかり聞いているうちに「私だったらこうするな」という意見が生まれるかもしれません。そういった場合は「私だったらこうするかも」と自分の気持ちを加えてみましょう。そしてさらに、会話の途中でほめ言葉を入れるともっといいですね！　話についてほめるところがない人には、目元をじっと見て「まつげが黒～い！」と、ほめてるんだかほめてないんだかよくわからない一言でもいいので添えておきましょう。

こうして見てみると、話を聞くにはうなずき力や相づち力、笑い力、質問力、要約力、意思表示力、ほめ力など、さまざまなスキルが必要とされることがわかります。「話す」よりも「聞く」ほうがよっぽど難しいのに、あなたは今までちゃんと人の話を聞いていていたんですよ！　聞くスキルをマスターしたあなたは、履歴書に「聞くプロです」と書いてアピールしてもいいぐらいです！

今まで何となく「聞く」ことをしていたあなたなら、ちょっと意識してみるだけでさらに「聞く」プロフェショナルになれるはず。そうすると、あら不思議。聞いていたはずなのに、「話す」ことも苦じゃなくなっているはずですよ。

人の話って、ほとんどが大したことじゃありません。

さっきも書いたように、人ってただ「話したい」んです。だからあなた自身も「話って、こんな何気ないことでいいんだ」と気づいてラクな気持ちになるはず。

今日はいい天気で風が気持ちいいね。そのスカート、色が素敵ね。あー、沖縄に行きたい。こんな何気ない自分の思いを口にすることから、始めてみましょう。

いつも話を聞いてくれているあなたの言葉を無下にする人なんて、きっといませんよ（もしいたら、そんな人とは付き合いをやめてしまいましょう！）！

お悩み

幸せそうな友人に嫉妬してしまう……

嫉妬は心の自然な反応。自分の隠れた願いに気づいただけ

嫉妬とは「私もあんなふうになりたい」の表れ

「嫉妬」って忌み嫌われる感情ですよね。確かに、嫉妬している時ってとても苦しいものです。嫉妬なんてしたくないのに、してしまう。そんな自分を責めてしまって、ますます自己嫌悪に陥ってしまう……。

嫉妬するぐらいなら、される側に立ったほうがいいわ！　と人より優位に立とうと頑張ってしまう人もいます。ですが、あの人よりお金持ちになってやるわ、彼にヤキモチ焼かせてやるわ、なんて頑張ってみても、虚しさが残るだけ。

もう、あきらめましょう。**嫉妬してもいいんです。**

例えば私は、人気作家さんに嫉妬します。お金があり余っている大富豪にも、ちょっぴり嫉妬します。人気と実力を兼ね備えているアスリートにも……ほんのちょっとだけ、嫉妬します。とんでもなく美しい顔を持っているアイドルや女優さんには、ほとんど嫉妬しません。

人気作家さんに嫉妬するのは、**私もあんなふうになりたいという思いがあるから。**文章が上手になりたい、そして本を出すからにはそりゃ売れてほしいから、それを実現させている人気作家さんに嫉妬するんです。お金があり余っている大富豪に嫉妬するのも、あんなふうになりたいから。お金が十分にあって何でも買うことができるし、行きたいところにはどこでも行ける。私の願いを叶えているから、うらやましく感じます。

嫉妬は「私もあんなふうになりたい」の表れなんです。どうでもいい人に、嫉妬はしませんよね。その人が持つ、素敵なところや、幸せそうなところ。まだ自分が実現していない願望を、その人が達成していることに心が反応しているんです。

では、運動神経が1ミリもない、50メートル12秒の私が人気アスリートに嫉妬してしまうのはなぜでしょうか。どのアスリートにも嫉妬してしまうかというと、そうではありません。大谷翔平選手やメッシには嫉妬心のカケラも湧きませんが、かわいらしい女性アスリートにはちょっぴり嫉妬してしまうんです。これはきっと私にも「かわいいって言われたい」という願望がどこかに隠れているのかもしれません。ただ、「かわいい」と何万回と言われているであろうアイドルや女優さんに嫉妬心が湧かないのは、ハニワ顔である自分のことを誇りに思っているからかもしれません。ということは私は「ハニワ顔でかわいい！」とほめられたら最高に嬉しいということになりますね。

このように、**誰かに嫉妬してしまった時は、自分がその人のどの部分に嫉妬してし**

まっているか、冷静に分析してみましょう。その人の「若々しさ」や「美しさ」に反応しているなら、自分の容姿を磨きましょう。女性の美に定年なんてありません。

その人の「才能」に反応しているなら、自分の好きなことを究めましょう。何らかの才能を誰もが持っています。

その人の「キラキラ具合」に反応しているなら、思い切って真似してみましょう。その人が行ったカフェに行ってコーヒーを飲み、その人が行ったホテルに泊まってみる。真似してみて「大したことなかったな」と感じたら、自分の本当の幸せは別のところにあるということです。

私も「嫉妬するのは、この人が持っている何らかの部分に対してうらやましいと思っているからだ」と気づいてからは、嫉妬しても「キー‼」とはならず、「ふむふむ、私もこんなふうになりたいんだね！」と前向きに受け止めるようになりました。嫉妬すればするほど、自分の隠れていた願いに気づくことができるんです。

不幸そうな人々に囲まれて「この人たちより私はマシだわ」と思うよりも、幸せそうな人に囲まれているほうが、よっぽどパワーをもらえそうですよね。「嫉妬しちゃいけない」と抑えるよりも、どんどん嫉妬して幸せパワーをもらっちゃいましょう！

お悩み

子供が全然言うことを聞かない！

モヤ
モヤ
モヤ
モヤ

スイッチ

あきらめよう！

親が子供に教えるべきは「幸せ」

「宿題しなさい！」と言っているのに全然しない、「ピーマン食べなさい！」と言っているのに全然食べない、うちの子は親の言うことを全然聞かない……。

こんなふうに悩んでいるお母さんも、多いのではないでしょうか。

だけど、悩むだけ時間がもったいないんです。だって、子供が言うことを聞かないのは当たり前。**子供は言うことを聞かない生き物**なんですから。

子供は、「自分がやりたいこと」を選択します。

子供が言うことを聞かないのは、「親に言われたことが、自分の思ってることと違う」からなんです。

例えばですよ。超人気アーティストが、5万人入る会場でライブをすることになり、友人が倍率100倍というそのチケットをやっと取れたとします。友人は「すごいでしょ！　絶対行ったほうがいいって！」と誘ってきましたが、あなたはそのアーティストのことを1ミリも知りません。自分には興味がないライブに行こうと無理強いされても、反発したくなるだけですよね。

親は「正しさ」を子供に教えようとします。もちろんそれは大切なことなのですが、ちょっとぐらい間違っても、子供が幸せを感じていたら、それでいいことにしておきましょうよ！

子供がまだ小さい頃は、左右違う柄の靴下を履きたがったり、トップスがフルーツ柄、ボトムスは花柄、スニーカーは水玉という、これでもかというほど柄に柄を合わせたコーディネートをかましてきたり、快晴の日にレインコートと長靴がいい！　と号泣したりということがあります。

着ている服が柄の大渋滞になっても、晴れの日にレインコートを着ても、**誰も傷つけたりはしないからいいじゃないですか！**

道ゆく人も「あらあら」と生温かい目で眺めてくれるはずです。というか、そんな社会になってください。子供がもう少し大きくなったら、「あなたは３６５日ディズニーランドか」と突っ込みたくなるような大きなリボンをつけて学校に行きたがります。リボンが大きすぎて通学帽がかぶれず、常に帽子が浮いている状態になりますが、これもあきらめましょう。

さらに大きくなると、勉強をしなくなります。大人なら、勉強の大切さをよくわかっていますね。「勉強しておいたほうが、絶対いいよ！　あなたのために言っているんだからね！」なんてそれっぽいことを言ってみますが、子供にしてみたら「自分はそう思っていないのになあ……」と、心の自由まで奪われる気がして、逃げたくなってしまうんです。

かといって、子供がいつまでも勉強しないままでいるのも、親としては心配ですよね。では、そこまで大切な勉強なら、親である自分も一緒にやってみるのはどうでしょうか。

はい、お父さんもお母さんも、仕事に家事に忙しい毎日ですね。「子供と一緒に勉強する時間がどこにあるの！」と言いたくなる気持ちもごもっともです。だけど、10分。1日10分でいいから、お子さんと一緒に勉強する時間を作ってみませんか？

子供が小学生なら、漢字ドリルや計算問題を一緒にやってみる。子供が大きくなれば、自分がしたい勉強（英会話や歴史、心理学など）の本を広げながら、それぞれ勉強するのもいいですね！

自分が子供の頃は嫌でしょうがなかった勉強も、大人になった今なら学べる楽しさ、ありがたさが身にしみているはず。楽しそうに勉強しているあなたのその姿を、子供に見てもらいましょう。

子供は、親がしていることを真似します。**子供は「親が言うこと」を聞くんじゃなくて「親がしていること」を自分も同じようにしていくんです。**

一緒に勉強しても子供の成績が１００人中１００位だったら、逆に「１００番目かあ！　ということは上にいる99人の子を喜ばせてあげたんだね！」とほめてください。あなたの子供は勉強は苦手かもしれませんが、人に喜びを与える天才なんです。

子育てに、絶対的な正解なんてありません。ただ1つあるとしたら、それは**「親であるあなたが幸せであること」だけ**。

漢字も、英単語も、交通ルールも、**親が知らなかったら子供に教えてあげることはできません。「幸せ」だって同じなんです。**

「正しさ」だけを教えようとするよりも、「幸せ」を教えてあげてください。それにはまず、あなたが日々の生活で自分をご機嫌にし、幸せに生きていくことです。

そんなあなたの姿を見て、子供も自分の好きなことを考えて、自分の幸せを選択し、行動できるようになりますよ！

お悩み

お姑さんが苦手……

モヤ
モヤ

モヤ
モヤ

スイッチ

合わなくて当たり前！
別に仲良くなくても問題なし！

求めず、無理せず、期待せず、適度な距離で幸せに

「お姑さんが苦手」そんな当たり前のことで悩んでいてどうするんですか！　「嫁と姑」は「きのこの山」と「たけのこの里」と同じくらいの永遠のライバル。うまくいかなくても、それで当たり前なんです。

考えてもみてください。実の母娘であっても、相性が悪いことだってあるんです。それが、嫁と姑ですよ⁉　「お姑さんとうまくやっていけない私はダメなのかしら……」なんて悩む必要はないんです。**合わなくても、それが普通**なんですから。

ただ、わざわざ険悪になることもありません。あくまで「ほどほどの」関係を目指しましょう。「嫁と姑はうまくいかなくて当たり前」と思いながらも、お姑さんは人生の先輩ですから、ふとした時には頼ってみましょう。育児と仕事で疲れてしまった時は、お姑さんに甘えて家事を手伝ってもらいましょう。

私は、どんな職業よりもいちばん「主婦業」と「母親業」がハードだと思っています。そんな主婦業と母親業を長年やりとげてきたお姑さんなんです。お嫁さんに頼ら

れたら、きっと喜んで頼みを聞いてくれるはずですよ。

また、いつ いかなる時も「実の母親に対してだったら、私はどうするかな?」と考えて、旅行した時に「これ、お義母さんに似合うと思って〜」とお土産の1つも買って渡せば、お姑さんもイチコロです。いえいえ、決してモノで気持ちを買っているのではないですよ。ただ、時々は気持ちを形に表すことも大事なんです。

相手が実の母親だと、どうしても娘としての甘えが出てしまい、遠慮なくズケズケと言い合う関係になってしまいがちですが、お姑さんならば適度にいい関係を保てるはずです。何も求めず、何も期待せず「別に仲良くできなくてもいいや」と思っていたら、うまくいってしまうこともあるんですよ。

ちなみに一応私も嫁としてアピールしておきますが、私とお姑さんは普段はつかず離れずのほどよい関係、だけど旅行をする時は声をかけ合って一緒に出かけたりもする、自分で言うのもなんですが、非常にいい感じの関係なんです。

「きのこの山」と「たけのこの里」だって、心の底からお互いのことを嫌ってはいないはずです! 自分にはない良いところをお互いに認めながら、お姑さんとうまく付き合っていけるといいですね。まあ、**あまりベタベタしすぎず、あくまでほどほどに。**

お悩み

片付けない家族にイライラ！

モヤ
モヤ

スイッチ

そこに家族が生きている証拠！

一人の幸せと家族がいる幸せのどちらも味わおう

わかります、わかります。

私も決して整理整頓は得意なほうではないんですが、ゴミはすぐ捨てるし、使ったものはすぐに元の場所に戻すタイプ。ですが、夫や娘はといえばゴミはテーブルの上に置きっぱなしだし、使った耳かきや爪切りも置きっぱなし。ちょっと立ち上がってゴミ箱に捨てれば5秒で終わることなのに、「何かの耐久レースか?」と思うほど、夫と娘の腰は重いんです。

そんな時は「気づいた人が捨てればいいじゃない」と言う人が必ず現れますが、そうなると捨てるのは結局私ばかり。ゴミが放置してあってもイライラ、ゴミを代わりに捨ててもイライラしてしまうので、これでは気づく人ばかりが損をしてしまいます。

というわけで、私はそんな時はいつも逃げています。

今は自宅に仕事部屋があるので、仕事部屋に避難して本を読んだり妄想したり。仕事部屋がなかった頃は、トイレに入って南の島に旅立っている妄想に浸っていたものです。

イライラを持続させないように、自宅に自分のテリトリーを作っておきましょう。きれいに保たれて、自分の持ち物だけに囲まれている、安全区域。

部屋が足りなければ、部屋の片隅でもいいんです。そうすれば、**「自分のテリトリーさえきれいならあとは別にどうでもいいや！」**とラクな気持ちになれますしね。

さらに、考え方を変えることもできます。

「なぜ家が散らかるのか？」「なぜイライラするのか？」と考えてみた時、答えは**「家族がいるから」**なんです。

一人だったら、散らかっている部屋もたまっているゴミもすべて自分の責任になります。夫も子供も家からいなくなれば、「部屋が散らかっていてイライラ」なんてことで頭を悩ませることは、もうなくなるんです！　やりましたね！

……でも、ちょっと考えてみてください。

「一人で住んでいて、きれいに整理整頓されている家」と「家族がいて、すぐに散らかってしまう家」だったら、どちらが幸せでしょうか。

この答えに、正解はありません。「一人だから不幸」「家族がいるから幸せ」ということでは決してありませんが、「昨日まで存在していた家族が急にいなくなったら」間違いなく悲しい、ということだけは言えますね。

「部屋が散らかる」ということは、そこに「家族が生きている」という証しなんです。家族にイライラする3回に1回は、その幸せに浸ってみるのはどうでしょうか。

夫が家事を手伝ってくれない？

でも、生きている。

子供が片付けをしてくれない？

でも、生きている。

私もそんなことを思いつつ、仕事部屋やトイレに避難しながら、また今日もゴミを捨て、耳かきをそっと元の位置に戻すのです。

きっと1回につき0・2キロカロリーぐらいは消費して、美容と健康にも役立っているはず！　と信じながら。

[著者]
かずみん
1978年、京都府生まれ。スピリチュアルや自己啓発とはまったく縁のない生活を送っていたが、2015年に奥平亜美衣さんの著書に出会い、そこから引き寄せ、潜在意識の世界に足を踏み入れる。自分自身も無意識のうちに引き寄せを使ってさまざまな成功を収めていたことに気づき、その体験をブログに書き始めたところ、「等身大でわかりやすい」と支持を得て、ブログランキング上位に入る。趣味は読書と温泉旅行、そして妄想。
著書に『ありえない「妄想」でお金も恋も引き寄せる!』(秀和システム)、『「頑張らない」で引き寄せる!』(ダイヤモンド社)などがある。

ブログ「妄想は世界を救う。〜妄想万能説〜」
https://ameblo.jp/kazuminhappiness/

あほスイッチ!
——ネガティブ思考が一瞬で「わくわく」に変わる

2020年10月27日　第1刷発行

著　者——かずみん
発行所——ダイヤモンド社
〒150-8409　東京都渋谷区神宮前6-12-17
https://www.diamond.co.jp/
電話/03·5778·7233(編集)　03·5778·7240(販売)
カバーデザイン—安賀裕子
イラスト——あかね大佐
本文デザイン—和全
DTP制作——伏田光宏(F's factory)
編集協力——磯野純子
製作進行——ダイヤモンド・グラフィック社
印刷————堀内印刷所(本文)・加藤文明社(カバー)
製本————本間製本
編集担当——酒巻良江

ISBN 978-4-478-11188-8